L'ARTE DELLA CONTEMPLAZIONE

Un Percorso Gentile verso la Pienezza e la Prosperità

Richard Rudd

GENE KEYS

Seconda edizione pubblicata in Gran Bretagna e USA nel 2020 da Gene Keys Publishing Ltd - 13 Freeland Park, Wareham Road, Poole BH166FA

Copyright © Richard Rudd 2018, 2020, 2022

Tutti i diritti sono riservati. Nessuna parte di questo libro può essere riprodotta o utilizzata in qualsiasi forma o con qualsiasi mezzo, elettronico o meccanico, senza previa autorizzazione scritta degli editori.

Richard Rudd

L'ARTE DELLA CONTEMPLAZIONE
Un Percorso Gentile verso la Pienezza e la Prosperità

Original title **THE ART OF CONTEMPLATION**
A Gentle Path to Wholeness and Prosperity

Tradotto da Maria Teresa Frezet, Pasquale Florio, Kristine Beeckman e Stefania Vecchia.

Formato tascabile ISBN 978-1-913820-75-6
Formato rilegato ISBN 978-1-9138202-3-7
Formato eBook/Kindle/Apple Books ISBN 978-1-913820-48-0

Il contenuto di questo libro e/o del corso è puramente ispirativo e può essere utilizzato per un viaggio personale di ricerca ed esplorazione. Non deve essere preso alla leggera, ma va utilizzato con la consapevolezza che né l'editore né l'autore si impegnano a fornire alcun tipo di consulenza psicologica o professionale in qualsiasi forma o modo. Il contenuto del libro e/o del corso è unicamente espressione e opinione dell'autore stesso – non necessariamente dell'editore – e tale contenuto non comporta nessuna forma di garanzia espressa o implicita. Gli editori non si assumono alcuna responsabilità per l'utilizzo che viene fatto dei contenuti.

genekeys.com

INDICE

Note sull'Autore	i
Prefazione	iii
Introduzione	1
Contemplazione Mentale	13
La Tecnica principale – le Pause	19
La prima Conferma – le Intuizioni	25
Il "Silo-busting" – Applicare le Intuizioni alla tua vita	27
Il Beneficio delle Pause – la Mente di Luce	28
Contemplazione Emozionale	31
La seconda Tecnica – il "Pivoting"	36
La seconda Conferma – le Rivelazioni	40
Permettere, Accettare, Abbracciare	41
Il Ruolo della Gentilezza	44
Il Beneficio del Pivoting – il Cuore di Pace	45
Contemplazione Fisica	47
La terza Tecnica – l'Integrazione	53
Come integrare (Generosità, Amicizia, Gentilezza)	55
La terza Conferma – le Epifanie	59
Il Beneficio dell'Integrazione – Il Corpo dell'Essere	62
Tecniche per un Esercizio Quotidiano	65
Epilogo	91

L'Arte Della Contemplazione
Corso Online

Puoi trovare "L'Arte della Contemplazione" anche sotto forma di bellissimo mini corso online spiegato in viva voce dall'autore – un complemento ideale che ti consiglio, in accompagnamento a questo libro.

Il corso fornisce una guida gentile e delicata attraverso la struttura del libro e comprende anche suggerimenti, video e meditazioni – oltre alla possibilità di scaricare i file audio direttamente sul proprio device (dispositivo). Per ulteriori approfondimenti puoi visitare la seguente pagina:

genekeys.com/courses

NOTE SULL'AUTORE

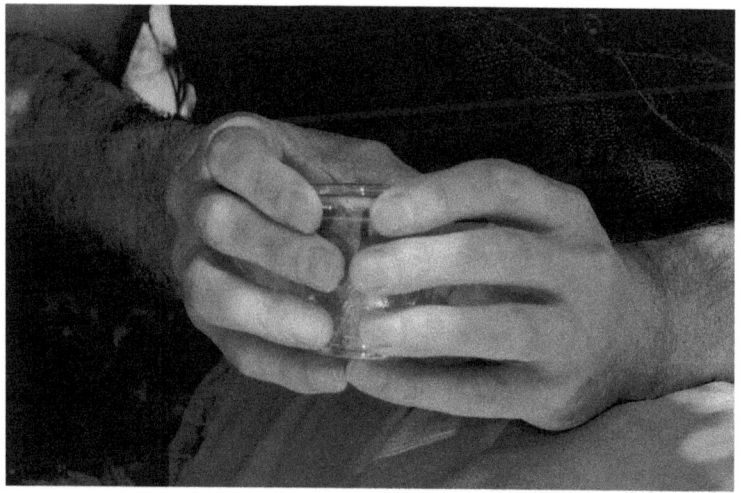

Richard Rudd è un insegnante di fama internazionale, nonché scrittore e stimato poeta. Il suo viaggio mistico è iniziato in giovane età quando, non ancora trentenne, ha sperimentato uno stato di illuminazione spirituale per tre giorni e tre notti che gli ha cambiato la vita. Questo ha innescato in lui una grande ricerca spirituale che lo ha condotto in tutto il mondo. Tutti i suoi studi sono confluiti in una sintesi nel 2002, quando ha iniziato a scrivere e ricevere le Chiavi Genetiche – una vasta sintesi che esplora le miracolose possibilità insite nel DNA umano. Ci sono voluti sette anni per scrivere il libro e per comprendere e incarnare i suoi insegnamenti. Oggi Richard continua a espandere e incarnare la saggezza ricevuta, condividendola con un pubblico mondiale sempre più ampio.

PREFAZIONE

Un percorso gentile

Dal momento in cui nasciamo, la nostra vita inizia a delineare una traiettoria misteriosa lungo la volta celeste dell'esistenza. Per questo motivo, ognuno di noi viene al mondo con la sensazione di essere qui per fare qualcosa di speciale.

Lo scopo di questo libro è aiutarti a trovare, seguire e realizzare la vera direzione della tua vita, e quindi completare il cerchio che hai iniziato a tracciare quando sei nato.

Qualunque sia la fase della vita che stai attraversando, sia che tu stia riposando nella tranquilla corrente del fiume o che tu sia immerso o addirittura sopraffatto dall'impetuosa cascata della vita, questo piccolo libro ti offre un'ancora di salvezza. Man mano che farai tuo il semplice e al tempo stesso eterno insegnamento che contiene, la tua vita inizierà gradualmente a evolvere. All'inizio potrebbe essere un po' doloroso, perché vedrai con chiarezza cristallina che sei stato tu stesso l'ostacolo lungo la tua strada. Ma ben presto, facendo spazio alle comprensioni che emergeranno e iniziando ad applicarle alla tua vita, molte difficoltà svaniranno, e ti ritroverai a vivere in un modo nuovo e in un nuovo mondo.

Alcuni di noi leggono molti libri nel corso della vita. Altri ne leggono solo alcuni. Si potrebbe dire che al mondo esistono solo tre tipi di libri. Ci sono libri che ci intrattengono o ci ispirano. Ci sono libri che ci informano e ci educano. Infine, ci sono libri che toccano la nostra anima.

Alcuni possono appartenere sia a un gruppo che all'altro, o ad entrambi. Tuttavia, tali libri sono rari e si presentano di rado nella nostra vita.

Il vero potere di un libro è la sua capacità di entrare nel nostro cuore e di cambiarci per sempre. L'Arte della Contemplazione vuole essere un libro di questo tipo. È l'inizio di un viaggio che potrebbe accompagnarti per molti anni. Il viaggio conduce verso l'interno, ma influenzerà anche la tua vita esteriore in modi misteriosi e proficui. Questo perché la nostra vita terrena scaturisce dalle radici della nostra vita interiore – dal modo in cui pensiamo, da ciò che sentiamo e da ciò in cui crediamo.

Prima di iniziare questo viaggio senza sosta nel paesaggio interiore della tua vita, hai bisogno di una qualità soltanto: la gentilezza. Come potrai vedere, l'arte della contemplazione è un sentiero gentile e, seminando i semi di questa gentilezza nei vari angoli della tua vita, presto la buona sorte inizierà a fiorire e prosperare intorno a te in tanti modi diversi.

Ti auguro ogni bene per questo tuo viaggio.

Richard Rudd

INTRODUZIONE

La Contemplazione come Arte

Che cos'è la contemplazione? Magari, alla fine di questo libro avrai una risposta chiara a questa domanda. La risposta, tuttavia, non arriverà solo attraverso la conoscenza o la lettura. Si potrebbe pensare che la contemplazione sia una sorta di riflessione profonda, che di solito è un'accezione più occidentale del termine. Tuttavia, la vera natura della contemplazione rimane un mistero. L'obiettivo della via contemplativa è quello di rivolgere le energie verso l'interno e fare della propria vita un esperimento centrifugo, prima per scoprire e poi per abbracciare il proprio vero scopo superiore nella vita.

La mente scientifica moderna non si trova sempre a suo agio con la nozione di mistero. Lo scopo della scienza è svelare i molti misteri della vita e cercare di capire come funzionano le cose. Ma ci sono argomenti che rimangono per sempre impenetrabili per la scienza. La coscienza stessa è un tale mistero. Anche se un giorno potremo capire come funziona, la sua vera profondità va oltre il dominio della comprensione oggettiva. Per sapere cosa siamo veramente, dovremo andare oltre la mente stessa. Questo è lo scopo dell'arte della contemplazione.

La contemplazione è un'arte e, come tale, è qualcosa che possiamo imparare. Tuttavia, a volte un intelletto acuto e potente può essere un ostacolo all'apprendimento di questa semplice arte. Paradossalmente, per molti di noi la contemplazione inizia come una forma di "disapprendimento", quando smettiamo di affidarci così tanto al nostro intelletto e ci apriamo a nuovi percorsi di consapevolezza dentro di noi.

In questo libro ti verranno mostrate tre semplici tecniche che incoraggeranno l'espansione dello spirito di contemplazione nella tua vita. Va detto, tuttavia, che queste tecniche sono semplicemente punti di riferimento per aiutarti all'inizio del tuo viaggio. Una volta che troviamo il nostro vero ritmo interiore, diventiamo automaticamente persone contemplative: respiriamo più profondamente, ci prendiamo il nostro tempo e attingiamo a una saggezza universale che può aiutarci a dare un senso a tutto ciò che ci capita.

Uno dei dilemmi nello scrivere un libro sulla contemplazione è che non puoi accedere a un mistero direttamente attraverso le tecniche, e il mondo moderno è in qualche modo ossessionato dalle tecniche. Tuttavia, la buona notizia è che la contemplazione può iniziare come una semplice pratica, che nel tempo possiamo trasformare in un'abitudine. A un livello molto più profondo, la contemplazione diventa dunque parte di noi, e quando ciò accade, le tecniche scompaiono in maniera naturale e tutta la nostra vita si trasforma.

La differenza tra Contemplazione, Meditazione e Mindfulness

In molti hanno sentito parlare della pratica della mindfulness e tutti abbiamo sentito parlare della meditazione. Magari anche tu hai già praticato una o entrambe queste tecniche. Se pratichi la meditazione, questo non sarà in alcun modo in conflitto con l'arte della contemplazione.

In effetti, potresti considerare la contemplazione come un termine molto ampio che può contenere altre pratiche come la mindfulness. Così, mentre impari a contemplare, approfondirai simultaneamente qualsiasi altra tecnica che stai praticando. Se pratichi lo yoga, ad esempio, la contemplazione ti fornirà una maggiore concentrazione interiore, aiutandoti a integrare tale pratica ancora di più nella tua quotidianità. Se non svolgi altre pratiche di concentrazione interiore o se hai poca o nessuna esperienza in questo senso, va benissimo lo stesso.

La contemplazione è molto prodiga e può acquisire e dispensare tutto ciò di cui ha bisogno per raggiungere il suo scopo principale, che è quello di condurti in uno stato di profondo equilibrio.

La principale differenza tra la contemplazione, la mindfulness o la meditazione è che la contemplazione utilizza anche la mente in modo proattivo. Usiamo la mindfulness per osservare interiormente la nostra mente, le nostre emozioni e il nostro corpo, ma con la contemplazione facciamo anche qualcosa di attivo. La contemplazione coinvolge il potere della mente, delle emozioni e del corpo. Fonde e sfrutta la loro energia per ottenere un maggiore stato di autoconsapevolezza, libertà e prosperità generale. Quindi, il vero potere della contemplazione è che si trasforma naturalmente in un'azione decisiva, che porta a cambiamenti fondamentali nella nostra vita.

L'altro grande vantaggio della contemplazione è che si tratta di un'arte di sintesi. Mette insieme sia le tecniche dell'emisfero sinistro del cervello che i salti di consapevolezza dell'emisfero destro. Ad esempio, si avvale della pratica della mindfulness in sottofondo mentre utilizza il potere del pensiero immaginativo in primo piano. In questo senso, la contemplazione ha molte vie di approccio che si adattano a diversi tipi di personalità. Sia che tu prediliga un approccio intellettuale, emotivo o cinestetico, questa è un'arte che può facilmente adattarsi alle tue esigenze.

Un Respiro di libertà – *Spiro Ergo Prospero*

L'arte della contemplazione ci guida in maniera naturale a uno stato di prosperità. Essere vivi significa prosperare. Spiro Ergo Prospero – Respiro Quindi Prospero. Questo non è solo un bel detto. È la pietra su cui si fonda il percorso contemplativo. Man mano che diventiamo adulti, sviluppiamo gradualmente schemi inconsci di stress nel corpo e nella mente che ci impediscono di respirare profondamente. Assorbendo i segreti di questo libro, imparerai nuovamente a respirare in profondità. Respirare è sinonimo di libertà. Più respiriamo profondamente, più ci sentiamo liberi.

A un certo livello, tutti noi cerchiamo la sensazione di libertà. Sia che la cerchiamo acquisendo più denaro, o attraverso nuove esperienze, pratiche spirituali o di benessere fisico, stiamo inconsciamente cercando di tornare alla sensazione che avevamo da bambini. Il bambino nuota nel flusso della libertà. Ma questa sensazione che tutti noi cerchiamo non può essere ottenuta attraverso un insieme esterno di condizioni "perfette". Essendo direttamente collegata ai nostri schemi respiratori, può solo essere creata dall'interno. Pertanto, lo scopo principale della contemplazione è quello di disfare questa falsa trama che abbiamo creato noi stessi e che ci promette libertà senza mai ottenerla.

Uno dei segni che indicano che siamo sul sentiero della contemplazione è che il respiro diventa più profondo e ritmico. Tuttavia, questo richiede un po' di tempo. Forse ti sorprenderà sapere che in questo libro non ci sono esercizi di respirazione. Il motivo è che ogni persona ha un proprio schema naturale di respirazione, che deve emergere spontaneamente da dentro, come una farfalla che esce dalla sua crisalide.

Imparando l'arte della contemplazione, inizierai a sperimentare il campo della vera prosperità. La prosperità è un campo vivo e vibrante che unisce tutte le aree della tua vita in un insieme sano e armonioso. E poiché la prosperità è direttamente collegata alla libertà, man mano che il tuo respiro si farà più profondo e ti rilasserai maggiormente, la tua mente diventerà più lucida e le tue decisioni saranno più precise. Inizierai a entrare in armonia con le sfere, attivando il potere della sincronicità. Nella tua vita tutto potrà migliorare: le tue relazioni saranno più fluide e aperte e ci saranno nuove correnti creative e circostanze favorevoli che scorreranno nella tua vita come per miracolo.

Il miracolo è che ritroverai il tuo respiro autentico, quell'inafferrabile sensazione di libertà che trasmette un senso di fluidità e facilità in tutte le aree della tua esistenza. Invece di percepire la tua vita come se fosse composta da compartimenti separati e scollegati tra loro, ora sarà tutto un insieme perfetto. Ti sentirai integro e prospero. Il tuo nuovo motto diventerà allora:

Spiro Ergo Prospero – Respiro Quindi Prospero.

Essere lo Scopo della propria vita

Tutti vorremmo sapere qual è il nostro vero scopo nella vita. Nonostante le tante comodità offerte dalla nostra era tecnologica, l'unica cosa che spesso ci sfugge è un profondo senso di scopo e realizzazione.

Anche in questo caso tendiamo a credere che la realizzazione possa derivare da qualcosa che creiamo o facciamo nella nostra vita esteriore. Pensiamo che se incontrassimo il partner perfetto, se trovassimo la casa perfetta e se avessimo il lavoro perfetto, allora sì che ci sentiremmo realizzati. La nostra missione di vita diventa quindi cercare di creare queste condizioni perfette.

L'arte della contemplazione ci insegna qualcosa di diverso. Ci insegna che l'esterno si basa e dipende dall'interno. Possiamo avere una vita perfetta all'esterno ma essere infelici dentro. Al contrario, possiamo magari avere molto poco all'esterno ma essere gioiosi all'interno. L'obiettivo finale della contemplazione è quello di portare in equilibrio la nostra vita interiore e quella esteriore. Solo allora potremo essere pienamente realizzati interiormente e anche soddisfatti esteriormente. La contemplazione raggiunge questo scopo insegnandoci a coltivare il senso della presenza. Impareremo che il vero scopo della vita non è qualcosa che siamo qui per fare, piuttosto è qualcosa che siamo qui per essere. È una qualità o virtù interiore che portiamo in tutto ciò che facciamo nella vita. Trovare il nostro scopo significa trovare una nobiltà di spirito che pervade tutta la nostra vita. Quando lo scopriamo, ciò che facciamo è meno importante perché quel "fare" può cambiare. Tuttavia, il nostro "Essere" è l'unica cosa che non cambierà mai. Solo questo ci rende incrollabili, stabili e radiosi: diventiamo lo scopo della nostra vita.

La Contemplazione attraverso le epoche

L'arte della contemplazione è antica quanto il mondo. Molte persone importanti e umili hanno percorso questa strada prima di te. L'approccio contemplativo è stato a lungo il pilastro delle grandi tradizioni spirituali di tutto il pianeta. I primi contemplatori furono gli antichi sciamani – avventurieri del mondo interiore che cercavano di capire le connessioni tra le cose in epoca pre-neolitica. Lo sciamano vedeva il legame che esisteva tra le stelle e le pietre ed era in grado, ad esempio, di tracciare una linea chiara e intuitiva che collegasse le geometrie che formano gli uccelli nel cielo con gli eventi della nostra vita. Questo è il vero scopo della contemplazione: trovare connessioni, costruire ponti e rendersi conto che tutto nella vita è collegato a tutto il resto.

Da tempo gli esseri umani sanno intuitivamente che ciò che sta sopra è in connessione con ciò che sta sotto, e che c'è una ragione e uno scopo più profondo per tutto ciò che accade. Poiché questo scopo è al di là della portata dei nostri sensi esterni e della nostra mente razionale, abbiamo sviluppato altri modi per sintonizzarci con esso. La contemplazione è il nostro strumento di sintonizzazione. Le principali religioni – Cristianesimo, Induismo, Buddismo, Ebraismo e Islam – hanno tutte aspetti fortemente contemplativi. Da questa tradizione sono scaturite una miriade di tecniche mistiche: preghiera, meditazione, culto, canto, recitazione di mantra e digiuno sono solo alcuni esempi di pratiche contemplative.

La contemplazione può essere fatta in solitudine – come nelle tradizioni degli eremiti e dei mistici solitari – oppure in compagnia, come nelle grandi tradizioni monastiche.

Talvolta la contemplazione richiede anche il movimento, per cui è necessario intraprendere lunghe esplorazioni e pellegrinaggi. Altre volte, invece, si rimane a contemplare fermi in un unico luogo per tutta la vita. La cosa importante da capire sull'arte della contemplazione è la vastità della sua magnanimità. Essa racchiude molte pratiche, insegnamenti e culture, e si adatta a ogni epoca. Pertanto, la contemplazione è rilevante oggi come in passato e, per molti versi, lo è ancora di più, come vedremo a breve.

Contemplazione Contemporanea

La parola "contemplazione" deriva dalla combinazione della radice latina "templum", che significa tempio, e del prefisso "con". Si potrebbe quindi dire che il significato più profondo della parola è "entrare nel proprio tempio", cioè nel proprio spazio interiore sacro. L'aggiunta del prefisso "con", tuttavia, aggiunge una dimensione interessante alla comprensione.

Quando entriamo nel nostro essere interiore, abbiamo la sensazione di essere con qualcuno o qualcosa. Questa è l'essenza della contemplazione: quando ci guardiamo dentro cominciamo a scoprire le connessioni. Diventiamo tutt'uno col mistero. Tutto ciò può sembrare mistico – e lo è – ma è anche qualcosa che tutti conosciamo già.

La maggior parte di noi ha già sperimentato la contemplazione. Anzi, sappiamo già come farlo. A volte, quando ci troviamo ad affrontare un problema o una sfida nella vita, scopriamo che la risposta al nostro problema emerge spontaneamente dall'interno. Magari arriva in sogno, o mentre siamo a letto di notte. Le risposte e le intuizioni ci arrivano in molti modi diversi, ma tutti conosciamo e ricordiamo queste esperienze. Uno degli scopi di questo libro è quello di aumentare la frequenza di queste manifestazioni spontanee di chiarezza nella nostra esistenza. Dobbiamo solo ricordare che le vere risposte alle nostre domande e ai nostri problemi nascono tutte da dentro. Questa è la rivelazione che deve permeare tutta la nostra vita.

Nel mondo frenetico di oggi, può sembrare difficile trovare il tempo per contemplare. In effetti è vero il contrario. Come imparerai, la contemplazione avviene negli intervalli della nostra vita. È presente in sottofondo mentre siamo impegnati e poi, quando ci fermiamo o facciamo una pausa, all'improvviso scatta qualcosa in noi e sperimentiamo uno di quei rari momenti di purezza dell'essere.

Questi momenti magici possono durare solo pochi secondi, ma quando ripensiamo alla nostra giornata frenetica, possiamo essere certi che quei pochi momenti di calma e lucidità sono come un'oasi in mezzo al rumore e al frastuono della nostra vita quotidiana. L'arte della contemplazione espanderà la tua vita dirigendo la tua attenzione verso questi momenti speciali, fino a che ne desidererai sempre di più. Imparando questa pratica, scoprirai anche che tutto diventa più efficiente: il corpo si alleggerisce, le emozioni si equilibrano e la mente diventa più lucida e chiara.

Le tre Tecniche – *Pause, Pivoting, Integrazione*

L'essenza pratica di questo libro è costituita da tre semplici tecniche che puoi imparare, affinare e padroneggiare nel tempo. Ognuna di queste tecniche si riferisce a una potenziale trasformazione attraverso la quale la contemplazione ti può condurre.

La prima tecnica è quella delle Pause e riguarda la mente. La seconda tecnica si chiama Pivoting[1] e riguarda le emozioni. La terza tecnica si chiama Integrazione e riguarda il corpo fisico. Queste tecniche sono facili da imparare e idealmente dovrebbero essere apprese nell'ordine in cui sono state indicate. In altre parole, è meglio acquisire correttamente la tecnica delle Pause prima di passare al Pivoting, poiché quest'ultimo è una naturale evoluzione della pratica delle Pause. Allo stesso modo, l'Integrazione, essendo più avanzata, sarà molto più facile da imparare una volta acquisite le prime due tecniche.

Le tre Conferme – *Intuizione, Rivelazione, Epifania*

Man mano che imparerai a padroneggiare le tre tecniche di cui sopra, ci sono tre indicatori che ti mostreranno che la tua pratica di contemplazione sta funzionando. Si tratta delle tre conferme.

La prima conferma riguarda le Pause e si chiama Intuizione, la seconda conferma si chiama Rivelazione e riguarda il Pivoting, mentre la terza conferma – Epifania – riguarda la tecnica

---

N.d.T. [1]"Il Pivoting è un atto di volontà che, nello spazio di un solo secondo, cambia la direzione della nostra energia da una parabola verso il basso a una spirale verso l'alto." (R. Rudd. *The Art of Contemplation*, 2018)

dell'Integrazione. Naturalmente, come per ogni nuova tecnica, è necessario essere diligenti e pazienti prima di vedere i risultati. Tuttavia, l'esperienza ha dimostrato che, una volta acquisita la prima tecnica delle Pause, le altre conferme seguiranno in modo facile e naturale, con i loro tempi.

Ciascuna delle tre tecniche, così come le relative conferme, i benefici e le applicazioni, sono descritte nelle tre sezioni principali di questo libro. L'epilogo è costituito da tecniche e contemplazioni specifiche che possono migliorare ulteriormente la tua pratica e aiutarti a portare il potere della contemplazione nella tua vita quotidiana.

Il Grande Beneficio della Contemplazione – *l'Auto-illuminazione*

Man mano che imparerai l'arte della contemplazione, avrai molte soddisfazioni. Ti sentirai più calmo per la maggior parte del tempo e la tua mente si acquieterà, diventando più chiara. Le decisioni arriveranno in modo più fluido e il tuo corpo ricorderà cosa significhi rilassarsi – il che potrà portare alla guarigione di molti vecchi schemi malsani. In maniera del tutto naturale ti sentirai più attratto da cose e persone che sostengono e contribuiscono alla tua evoluzione, anziché farti trascinare in relazioni e situazioni difficili e impegnative che drenano la tua energia.

Soprattutto, il maggior beneficio derivante dalla contemplazione è un processo noto come auto-illuminazione. L'auto-illuminazione si riferisce a una rivelazione – o una serie di rivelazioni – che si verificano man mano che la pratica di contemplazione si approfondisce nel tempo.

L'auto-illuminazione si verifica quando lasciamo che la nostra contemplazione vaghi liberamente attraverso la nostra vita fino a quando non si sofferma su qualcosa di misterioso, qualcosa che risuona molto profondamente dentro di noi. Quando scopriamo quell'immagine, idea o archetipo, possiamo passare ore, settimane e mesi a contemplare la stessa cosa. Inoltre, più l'idea è semplice e più penetra in profondità, fino al giorno in cui esplode e sperimentiamo l'auto-illuminazione – uno stato indimenticabile di libertà interiore e di incandescenza.

Come usare questo libro

Nonostante la sua breve estensione, questo libro contiene molte profondità nascoste. Ogni frase è un frammento distillato di saggezza. Mettendo insieme questi frammenti, inizierai a entrare nel meraviglioso mondo della contemplazione. In superficie, la tua vita continuerà proprio come è sempre stata, ma dentro di te inizierà a crescere qualcosa di straordinario. Forse all'inizio sarà sufficiente leggere le parole, e magari solo alcune di esse risuoneranno nel tuo cuore. È un buon inizio. Ogni volta che leggerai una frase che apre una porta dentro di te, fai una pausa e lasciati permeare da questa comprensione. La contemplazione è come un tè raro e pregiato: ha bisogno di tempo per sprigionare il suo aroma.

Potresti considerare il tuo rapporto con questo piccolo libro come se si trattasse di un viaggio. Forse lo hai scoperto in un periodo della tua vita in cui hai davvero bisogno di una guida sicura. In tal caso, questo libro potrà accompagnarti per un certo tempo nel passaggio da una fase all'altra della tua esistenza. In questo senso potrà essere un sostegno e un conforto. Il libro è stato concepito per ricordarti come contemplare. Quindi, anche se lo leggerai da cima a fondo in un giorno o poco più, andrà bene comunque. Ma non sarà facile assimilare in poco tempo la profondità che contiene. La contemplazione non è un'arte sbrigativa. E' come un fuoco che arde e risplende lentamente.

Sei quindi invitato ad avvicinarti a questo libro come faresti con un nuovo amico. Non si può conoscere una persona nuova con la fretta. Bisogna incontrarsi molte volte. Occorre parlare, ascoltare, esplorare, viaggiare insieme, talvolta magari anche discutere e litigare, finché un bel giorno si scopre semplicemente di aver trovato un amico fidato per la vita. Così è per l'Arte della Contemplazione.

LA CONTEMPLAZIONE MENTALE

Liberare la Mente

La mente umana è uno strumento straordinario e, come uno strumento musicale, richiede una certa padronanza per poter godere appieno del potenziale. Si può anche avere un bellissimo violino, ma se tutto ciò che si riesce a fare è ricavarne qualche nota stonata, sembra un'occasione sprecata. La maggior parte delle persone non sa come ottenere il massimo dalla propria mente. La nostra educazione moderna tende a far imparare tutte le scale senza spingersi molto oltre, per cui raramente impariamo a suonare la musica straordinaria per cui siamo nati.

L'arte della contemplazione ci insegna come liberare la nostra mente affinché essa diventi un aiuto per farci vivere una vita di bellezza e profondità – in pratica una mente alleata anziché nemica. Per molte persone, la mente è qualcosa che causa preoccupazioni e agitazione. La mente è utile per svolgere le attività di tutti i giorni, per farci guadagnare il nostro pane quotidiano e per intrattenerci in svariati modi, ma raramente la valorizziamo per il dono sacro che è davvero.

Iniziamo quindi questo viaggio onorando il meraviglioso strumento che abbiamo a disposizione. La nostra capacità di bilanciare la logica del cervello sinistro con l'intuizione del cervello destro è un tesoro che può portarci ovunque desideriamo andare nella vita. Imparando la sottile arte della contemplazione, la tua mente inizierà a realizzare tutto il suo effervescente potenziale. Quando diventerai il padrone della tua mente, inizierai ad assaporare un senso di libertà e tranquillità che non avresti neanche mai immaginato che potesse esistere.

Aprire la Mente — *il Piano Mentale*

Se desideri veramente sbloccare il potenziale profondo della tua mente, devi approcciare la contemplazione con mente aperta. Ogni volta che iniziamo qualcosa di nuovo, generalmente ci portiamo dietro un grande bagaglio appreso in precedenza. Quando entriamo in un tempio, in una biblioteca o in un museo, di solito ci viene chiesto di lasciare i bagagli all'ingresso. Si tratta di un atto simbolico, oltre che di una necessità pratica. Allo stesso modo, entriamo nel tempio interiore della nostra mente solo dopo esserci tolti le scarpe. È importante capire che non ti viene chiesto di cambiare le tue opinioni o i tuoi punti di vista, né di scartare le tue conoscenze e la tua formazione. Ti viene semplicemente chiesto di mettere tutto da parte prima di iniziare il processo di contemplazione.

Consideriamo ciò che potresti aver imparato sulla tua mente. Molto probabilmente ti è stato detto che la mente è un'estensione del funzionamento del cervello. Il tuo cervello fornisce l'hardware, e tu decidi quale software desideri utilizzare, quando e come usarlo. Questa è più o meno la comprensione comune standard della mente umana.

Ecco un modo alternativo di guardare la mente. Immagina che essa sia una specie di involucro radiante che circonda il tuo corpo fisico. Si estende da ogni cellula del tuo corpo e lo permea. Può essere che questo "corpo mentale" riempia tutta la stanza in cui ti trovi proprio adesso. Da questo punto di vista alternativo, stai vivendo all'interno della tua mente, e non il contrario.

Anche altre persone vanno in giro con il loro corpo mentale che si estende nell'ambiente esterno. Collettivamente, viviamo tutti in un mondo di pensieri e vibrazioni estremamente sottili che emanano da ognuno di noi.

Ora immagina di incontrare un amico, e che i vostri due corpi mentali incomincino a sovrapporsi l'uno all'altro. Inizia una conversazione animata. I pensieri volano tra di voi, trasportati dalle caratteristiche vocali delle parole. Alcuni pensieri rimangono inespressi ma sono probabilmente ancora sottilmente percepiti da entrambi. I vostri pensieri sono per lo più in risonanza l'uno con l'altro, quindi entrambi vi sentite a vostro agio. Ora immagina lo scenario opposto. Ti trovi di fronte a qualcuno, nel bel mezzo di una discussione. Le sottili vibrazioni dei vostri pensieri si scontrano e rimbalzano caoticamente in una sorta di combattimento di spade. Non c'è risonanza, quindi la sensazione è scomoda e sgradevole.

L'idea che il pensiero esista su un piano a sé stante non è così difficile da concepire. Si tratta di una vibrazione sottile, e sebbene non disponiamo ancora di strumenti definitivi per misurare tali vibrazioni, ciò non significa che non esistano. In questo contesto, possiamo anche estendere ulteriormente il nostro pensiero. Per la legge universale dell'affinità, attiriamo determinati modelli di pensiero attraverso la dimensione mentale. Un modello di pensiero negativo come "Non sono abbastanza bravo" può attrarre un modello di pensiero simile attraverso la risonanza. Questo porterebbe ovviamente a una relazione impegnativa, anche se iniziata per risonanza. Allo stesso modo, un modello di pensiero positivo come "Tutti gli esseri umani sono essenzialmente buoni di cuore" può creare e attrarre un insieme molto diverso di relazioni ed esperienze di vita.

Sia che tu scelga di osservare quanto appena scritto come un'opportunità per aprire gli occhi o come una bella metafora, i fatti parlano da soli: il modo in cui pensiamo determina la realtà che si manifesta intorno a noi. Il nostro atteggiamento plasma le nostre forme-pensiero. Come avviene per la meteorologia della Terra, un sistema ad alta pressione spinge via le nuvole, mentre un sistema a bassa pressione le attrae. Allo stesso modo una mente chiara respinge la confusione, il dubbio e la negatività.

La Contemplazione crea Chiarezza

Il punto più facile per iniziare il viaggio della contemplazione è attraverso la mente. Mentre stai leggendo queste parole, stai già usando la tua mente per contemplare.

Questa è la prima tappa della contemplazione. Si inizia a riflettere profondamente su se stessi e sullo scopo della propria vita. È un processo continuo, quindi non preoccuparti. Non esiste un modo giusto o sbagliato. Non hai bisogno di sederti in un angolo e chiudere gli occhi, e non devi iniziare nessun tipo di pratica speciale. La contemplazione è un percorso dolce e inizia proprio qui, con te che rifletti sulla tua vita. Nel corso della tua giornata, lascia che il flusso di pensieri contemplativi emerga semplicemente quando vuole, fosse anche solo per 5 minuti al giorno, o solamente quando apri questo libro. La cosa importante da sapere è che hai iniziato il tuo viaggio.

Più ti addentrerai nella contemplazione, più essa penetrerà nel tuo essere, e questo avrà il meraviglioso effetto di schiarire la tua mente, come se avessi appena pulito il vetro di una finestra sporca con acqua calda e sapone.

Una tale chiarezza è davvero rara nel nostro mondo moderno. Man mano che la chiarezza aumenta, ci si guadagna il rispetto degli altri, poiché una persona in grado di vedere attraverso i miasmi della mente è capace di aiutare chiunque in quasi tutte le situazioni immaginabili.

Cosa Contemplare

Ci sono molte cose che possiamo usare come punto di riferimento per la contemplazione, e ci sono due approcci principali che possiamo adottare. Possiamo scegliere qualcosa che ci ispira o qualcosa che ci sfida. Se scegliamo qualcosa che ci ispira – come l'azione o la vita di una persona che ammiriamo profondamente o magari un libro, un film, una bella canzone o qualcosa nella natura – allora la nostra contemplazione inizierà a elevarci. Innalzerà il nostro spirito, solleverà il nostro stato d'animo e ci riempirà di un senso di pace e di meraviglia. Questo è uno degli scopi principali dell'apprendimento e della padronanza della contemplazione: aumentare la nostra attitudine alla gioia e all'amore.

L'arte della contemplazione ha un fascino universale, che si rivolge a tutti i tipi di personalità. Indipendentemente dal fatto che qualcuno sia visivo, cinestetico o con una forte inclinazione logica, è possibile adattare le proprie tecniche preferite al soggetto della contemplazione. L'importante è sfruttare il momento per elevare il proprio pensiero e le proprie sensazioni. Se sei visivo, puoi usare il meraviglioso potere dell'immaginazione per creare un'immagine di pace, amore o bellezza nello spazio interiore del tuo corpo e della tua mente. Se sei più orientato al fisico, puoi usare una pratica fisica come la corsa o lo yoga come mezzo per purificare i pensieri e portare concentrazione e chiarezza al tuo stato interiore. Man mano che la tua pratica si evolverà, ti renderai conto che puoi usare qualsiasi cosa come soggetto di contemplazione, purché ispiri ed elevi il tuo spirito.

Un altro scopo della contemplazione è quello di creare maggiore chiarezza nella nostra vita, aiutandoci a risolvere le sfide. Se lo desideri, puoi iniziare questo processo proprio adesso. Puoi pensare al problema che attualmente trovi più impegnativo nella tua vita e farne il fulcro della tua contemplazione.

Senza esercitare nessun tipo di pressione, e lasciando che siano la testa e il cuore ad accogliere tale sfida, sarà la tua stessa contemplazione a gettare nuova luce sulla questione. La tua mente smetterà di creare tensione ogni volta che pensi a questo problema, il che significa che sarai in grado di arrivare più facilmente a una risoluzione interiore o esteriore. Tale tecnica consiste nell'accogliere delicatamente la questione dentro di te e semplicemente respirarci dentro. Questo secondo approccio contemplativo porta alla saggezza e alla chiarezza.

Puoi iniziare il tuo viaggio nella contemplazione scegliendo uno o entrambi gli approcci sopra descritti. Una volta scelto il soggetto su cui concentrarsi – che si tratti di ispirazione, di problema o di entrambi – è consigliabile rimanere su di esso finché non si sperimenta una sorta di apertura dentro di sé.

Come Contemplare

Il processo di contemplazione è molto semplice, anche se con il tempo si rivelerà sempre più profondo e con tutta una serie di sfumature. Le tre tecniche descritte in questo libro ci permetteranno di approfondire tale processo. In sostanza, iniziamo la nostra contemplazione concentrando la nostra consapevolezza su qualcosa. Se stiamo contemplando un problema, concentriamoci sulla sua risoluzione. Manteniamo questo obiettivo il più a lungo possibile e, quando la nostra consapevolezza sfuma, riportiamola semplicemente e con gentilezza al punto di partenza. Questo processo non dovrebbe comportare alcuna tensione. Se la vita ti distoglie dal soggetto, non importa. Potrai continuare la tua contemplazione in un secondo momento, quando te ne ricorderai. Questo approccio non forzato funziona molto bene nel corso del tempo, perché la consapevolezza segue i propri ritmi interiori.

Una volta iniziata, la contemplazione non termina mai. Continua sempre, anche quando non ce ne rendiamo conto. Più spesso torniamo sul soggetto della nostra contemplazione, più esso penetra in profondità nella nostra mente inconscia. Entra persino nella nostra vita onirica, agendo nei nostri sogni. É semplice: contempliamo ogni volta che ne abbiamo voglia. La pratica è tutta qui. Se riesci a dedicare ogni giorno un momento specifico alla contemplazione, i risultati miglioreranno notevolmente.

All'inizio, probabilmente ti accorgerai che la tua attenzione si allontana regolarmente dall'argomento, e alla fine della giornata potresti aver trascorso solo un breve periodo di tempo a contemplare consapevolmente. Ci sono alcuni momenti della giornata che sono più adatti allo stato contemplativo. Appena svegli e prima di andare a dormire, ad esempio, sono momenti ideali. Possiamo sfruttare appieno questi momenti in cui la nostra consapevolezza si rivolge naturalmente verso l'interno. Col tempo scopriremo di essere più coscienti del nostro stato interiore anche durante i momenti più impegnativi della giornata. Questo può davvero cambiare il modo in cui affrontiamo i numerosi impegni che ci vengono richiesti quotidianamente. Ci accorgeremo che il respiro tenderà a permeare sempre di più il tessuto della nostra vita e anche che le cose che prima consideravamo noiose o monotone cominceranno a splendere in modo diverso.

La prima Tecnica – *le Pause*

Una volta stabilito quale tipo di mistero vogliamo svelare, dobbiamo creare le giuste condizioni perché avvenga la contemplazione. A tal fine è necessario coltivare un senso di spaziosità nella nostra vita. È come se tenessimo in mano un sassolino con l'intenzione di lasciarlo cadere in un grande specchio d'acqua per osservare la natura delle sue increspature. Se l'acqua è agitata e mossa, non vedremo le increspature in modo chiaro.

Fare delle pause è la tecnica più semplice fra le tre esposte in questo libro. La buona notizia è che imparando a padroneggiare l'arte delle pause, le tecniche successive risulteranno molto più semplici – quindi vale la pena dedicarle un po' di tempo. Di per sé questa tecnica è anche meravigliosa. Se praticata regolarmente, può trasformare l'intera vita di una persona.

Pensa alla giornata che hai trascorso ieri. Prova a ricordare alcuni degli eventi che hanno avuto luogo e poi pensa alla sensazione generale. A fine giornata, come ti sentivi? Molti di noi arrivano alla sera e crollano sul divano o a letto senza avere un senso della giornata appena trascorsa. Imparando l'arte delle pause, le tue giornate inizieranno a rivelarsi molto diverse. Si espanderanno come se in qualche modo tu stessi creando più tempo e spazio.

Inoltre acquisirai anche una prospettiva più ampia sulla tua vita. Invece di limitarti ad affrontare la giornata, vedrai come essa fa parte di un contesto più ampio e questo ti infonderà un maggiore senso di pazienza e tranquillità. Inizierai a ricordare una verità fondamentale della vita: se nuoti controcorrente, finirai per esaurirti. Se invece trovi il tuo ritmo naturale e armonico, le cose intorno a te funzioneranno in modo molto più efficiente.

La tecnica delle pause ci porta a un meraviglioso paradosso: più rallentiamo, più la vita sembra espandersi. In altre parole, più frequentemente impariamo a fermarci e a prendere fiato, più sentiamo spazio e più la nostra mente diventa chiara. Una mente lucida sa prendere decisioni chiare e senza fretta durante la giornata.

Raccogliere le Pause

La tecnica delle pause consiste semplicemente nell'osservare le pause naturali della vita, godendosele. Tutto in natura fa delle pause. Se osservate un qualsiasi uccello, animale o insetto, lo vedrete fermarsi regolarmente, senza un motivo apparente. In realtà, ci sono molti motivi per fare una pausa. Quando si fa una pausa durante una determinata attività, si diventa più consapevoli dell'ambiente circostante. Si percepisce meglio anche il proprio spazio "interiore". Magari ti puoi accorgere improvvisamente di essere stanco, di avere la mente che si arrovella o che il tuo respiro è diventato superficiale e affannoso. Pause come questa spesso invitano a un sospiro fisico, perché il corpo si ricorda di fare un respiro profondo e di lasciare andare la tensione.

La prima fase della tecnica della pausa consiste quindi nel trovare e individuare le pause naturali che si aprono davanti a te ogni giorno. Una volta individuate, è possibile raccoglierle come frutti freschi colti dal ramo. Le pause sono qui per essere assaporate.

Quanto dura una pausa? Una pausa può essere breve come un singolo respiro o molto più lunga. Puoi iniziare questa tecnica trovando il maggior numero possibile di brevi pause nella tua giornata. Per esempio, quando sei seduto davanti al computer e stai rispondendo a un'e-mail o a un messaggio, prima di precipitarti a rispondere, prova a fare qualche respiro tra una risposta e l'altra, magari alzando lo sguardo e osservando l'ambiente intorno a te.

Un altro esempio potrebbe essere quando sei in macchina e arrivi al semaforo proprio quando diventa rosso. Invece di sentirti frustrato o irritato, potresti guardare la cosa da un altro punto di vista. La vita ti ha appena regalato una pausa. In quella pausa puoi entrare nel campo della contemplazione.

Queste tecniche molto semplici possono avere effetti di vasta portata nella tua vita. Una giornata piena di pause è una giornata calma ed equilibrata. Nulla diventa mai opprimente o causa di eccessivo stress. Inoltre, quando si arriva a sera, anche se il corpo può essere stanco, la mente si sente ancora chiara e sgombra, il che comporta un sonno profondo e un buon risveglio il giorno successivo.

Pause inaspettate

Se la guardiamo in un certo modo, la vita può essere considerata come un bellissimo gioco. Spesso ci troviamo nel bel mezzo di un lavoro importante quando all'improvviso qualcosa ci interrompe. Se da un lato possiamo essere irritati perché il nostro ritmo è stato interrotto o i nostri piani sono saltati, col tempo possiamo imparare a vedere questi disturbi come dei doni. Ogni interruzione del flusso è in realtà parte di un processo più ampio – ed è così che a volte la vita ci offre una pausa di cui abbiamo bisogno, anche se in quel momento non è necessariamente ben accetta. Quando accogliamo l'interruzione e seguiamo l'energia che richiama la nostra attenzione, spesso impariamo o sperimentiamo qualcosa di importante che altrimenti non sarebbe accaduto.

Riconoscere le pause come "pause" e non come fastidiose interruzioni è una parte importante dell'Arte della Contemplazione. A volte, quando respingiamo ciò che pensiamo sia un disturbo, stiamo davvero chiudendo la porta a un momento inaspettato di serendipità e fortuna. Potresti scoprirlo tu stesso la prossima volta che una pausa inaspettata ti sorprenderà.

La Magia negli Intervalli

Molti grandi musicisti, autori o artisti sostengono che la vera magia della loro arte avviene nel silenzio tra le note o negli intervalli tra le parole o le immagini. Non si tratta semplicemente di una bella metafora. Quando ci fermiamo in mezzo al turbinio delle attività esteriori, tutta l'energia interna che abbiamo sviluppato con la nostra contemplazione affiora improvvisamente in superficie, come un pallone da basket che tenevamo inconsapevolmente sott'acqua. In questi momenti ci ricordiamo di nuovo di noi stessi e viviamo un instante di autoconsapevolezza. Tali momenti sono come gioielli che brillano nella nostra giornata. Internamente rallentiamo un po' e il nostro respiro si fa più ampio, a volte accompagnato da un piacevole e profondo sospiro.

Il cambiamento avviene negli intervalli. Col tempo, e imparando a godere di queste pause, l'ansia diminuirà, il cuore si ammorbidirà e ti ricorderai nuovamente che la vita può essere piena di magia e mistero.

Creare le Pause

Una parte importante dell'arte della contemplazione consiste nel coinvolgere il tuo spirito creativo. Sta a te capire come creare più pause nella tua giornata. Fare una pausa è una forma di autodisciplina e ci vuole un pò di tempo per riprogrammare questa abitudine nella tua vita. Tuttavia, una volta avviato, tale processo potrà essere molto divertente e stimolante.

Esistono molti tipi di pause. Fare una pausa non significa necessariamente smettere di muoversi e rimanere fermi. Questo è solo un aspetto. Un altro tipo di pausa è il momento di transizione tra un evento e l'altro della nostra vita. Ad esempio, camminare per andare al lavoro può essere una pausa.

Tutto dipende da come si cammina. Se corri per strada e allo stesso tempo guardi il telefono, non stai creando una pausa.

Se invece cammini a passo tranquillo, godendoti il fatto che stai assaporando il momento, allora forse le tue labbra abbozzeranno un sorriso e per qualche istante ti sentirai veramente libero e rilassato.

Ci sono molte pause emozionanti come questa, nella nostra vita. Camminare è una delle migliori attività contemplative. Anche la corsa può essere un modo meraviglioso per contemplare, così come qualsiasi attività aerobica che ti dia un senso di libertà. Le pause possono essere silenziose o scandite dalla musica. Qualsiasi cosa che spezzi la monotonia della nostra attività incessante può essere considerata una pausa. Il trucco sta nel notare le pause e ricordarsi di apprezzarle.

Come abbiamo già visto, a volte, quando siamo di fretta, la vita interviene deliberatamente e ci offre una pausa che possiamo ritenere inopportuna. Per esempio, può capitare che, mentre stiamo andando da qualche parte, qualcuno ci coinvolga in una conversazione che preferiremmo evitare. Questi sono momenti degni di nota. Invece di abbassare la testa ed evitare il contatto visivo, potremmo provare a fare il contrario: essere accoglienti e calorosi. La maggior parte delle persone ama essere ascoltata. A volte possiamo pensare che queste interazioni siano una perdita di tempo prezioso, ma la verità è che ci offrono una rara opportunità di essere aperti di cuore e di mente, talvolta con un estraneo o una persona che non conosciamo bene. Non sappiamo mai cosa può nascere da queste pause finché non le viviamo. Se non altro, contribuiremo a creare un po' più di intimità nel mondo.

Un altro dono che potresti fare a te stesso è imparare l'arte di girovagare, bighellonare, sostare e assaporare. Ciò implica concedersi più tempo del necessario quando si va da qualche parte. Invece di correre frettolosamente da un luogo all'altro, potresti prendere deliberatamente un percorso più tortuoso attraverso un parco o lungo un fiume, o anche attraverso un mercato affollato. Il trucco sta nel trovarsi in un posto senza altro scopo se non il puro piacere di essere lì, senza fretta. Dobbiamo imparare a passeggiare anziché camminare con passo greve, e a gironzolare anziché marciare.

Indugiare consapevolmente è un'altra qualità particolare della persona contemplativa. Si tratta della capacità di assorbire un'esperienza soffermandosi più a lungo del necessario. Anche in questo caso, è quando ci concediamo questo spazio in più che spesso si verificano doni inaspettati. Sovente, ad esempio, dopo una riunione o un pasto, quando la maggior parte delle persone se ne sono andate, accade che qualcuno abbassi la guardia e apra un nuovo spazio di dialogo o di scambio.

Fare delle pause può davvero essere una tecnica molto semplice e divertente. Con un pochino di tenacia e creatività, ben presto prenderai la mano e inizierai a raccogliere i numerosi frutti di questa tecnica.

La Prima Conferma – *le Intuizioni*

Ricordati che ci sono tre conferme che si manifestano come risultato della pratica contemplativa. Ognuna delle tre tecniche contemplative porta a un qualche tipo di trasformazione. La prima di queste riguarda le Intuizioni. Più spazi e pause si creano nella vita quotidiana, più la mente si rilassa e si apre. Una mente aperta è una mente che può improvvisamente fare un salto quantico di comprensione. L'intuizione è una rivelazione spontanea su qualcosa che prima era nascosto alla nostra comprensione.

Sono molti i misteri nascosti nell'inconscio umano. Ad esempio, quando siamo giovani impariamo varie strategie mentali per affrontare situazioni dolorose inaspettate, e queste strategie sono per lo più nella nostra mente inconscia. Questi schemi di pensiero ci seguono poi nelle nostre relazioni, nel lavoro e nella vita, e possono debilitarci quando ci sentiamo minacciati o sopraffatti. Le nostre paure inconsce sono come nodi contorti dentro di noi, che poi si trasformano in opinioni o giudizi severi su noi stessi, sugli altri e sul mondo in generale.

L'arte della contemplazione dissolve gradualmente questi schemi rigidi, e la prima fase consiste semplicemente nel creare più spazio interiore per vederli e lasciarli andare. Questo è il potere delle pause. Le pause spesso portano direttamente all'intuizione, che è lo scioglimento spontaneo di uno di questi vecchi nodi all'interno della nostra mente. Quando quel nodo viene sciolto – cosa che può accadere in qualsiasi momento – sentiamo un'improvvisa ondata di comprensione e una sensazione di liberazione nel lasciar andare un vecchio schema di pensiero che ci ha perseguitato per anni. Il risultato di questa intuizione è che da qualche parte nel profondo della nostra mente si accenderà una luce che darà conferma e profondità alla nostra pratica di contemplazione.

Continuando a praticare la tecnica delle pause per un certo lasso di tempo, prima o poi sperimenterai queste improvvise intuizioni. Potrebbero sopraggiungere di punto in bianco, oppure manifestarsi gradualmente. Quando arriverà un'intuizione, ti renderai conto tutto a un tratto di come il potere della contemplazione influisca sulla tua mente per liberarti da schemi di pensiero limitanti e svelarti un nuovo modo di percepire te stesso.

Il Silo-busting – *Applicare le Intuizioni alla tua vita*

Uno dei grandi vantaggi di avere una mente libera è che il pensiero si espande in modo esponenziale per abbracciare un'enorme varietà di ambiti. Il Genio è la capacità di comprendere – sia logicamente che intuitivamente – la verità centrale che unisce tutti i campi della conoscenza e delle attività umane. Solo una mente veramente aperta ha la capacità di sintetizzare tutti questi dati.

Con il tempo, la pratica contemplativa aprirà nel tuo cervello nuovi percorsi neurali che collegano gli emisferi destro e sinistro. Ciò significa che ogni volta che sperimenterai un'intuizione, vedrai una vasta rete di interconnessioni e percepirai la corretta disposizione armonica di questi schemi. Questa nuova comprensione potrà essere applicata a ogni ambito – dagli affari all'istruzione, alle arti. Scoprirai che puoi aumentare notevolmente l'efficacia di qualsiasi sistema o metodo – dalla scrittura al lavare i piatti, dall'educazione di un bambino alla gestione di un'azienda.

Un'altra applicazione eccezionale di una mente contemplativa è la sua capacità di aprire nuove strade. Questo è noto come "silo-busting"[1]. Molti di noi sviluppano una comprensione profonda solo in uno o forse due ambiti nel corso della vita. Spesso viviamo all'interno di parametri molto ristretti, frenati dai limiti della nostra educazione, della nostra cultura e dei nostri condizionamenti. La mente contemplativa è in grado di rompere costantemente questi "silos" separati in cui viviamo inconsciamente. Attraverso la contemplazione iniziamo ad applicare il nostro dono dell'intuizione a tutti i diversi ambiti della cultura e del pensiero, portando così nella nostra vita nuove idee, nuovi alleati e amici, oltre a una serie di nuove opportunità.

N.d.T. [1] Il silo-busting è una tecnica che rompe i compartimenti stagni della mente.

Il Beneficio delle Pause – *la Mente di Luce*

Il nuovo dono dell'intuizione può portare alcuni straordinari benefici nella tua vita. Il principale è la chiarezza mentale. Dopo qualche tempo, ti accorgerai che la tua mente è in grado di cogliere l'essenza di un qualsiasi problema in modo spontaneo e senza difficoltà. La caratteristica principale di una mente lucida è la capacità di trasformare ogni sfida in un'opportunità creativa. Man mano che imparerai l'Arte della Contemplazione, ti accorgerai che persino la tua attività di pensiero inizierà a fare delle pause, permettendo l'apertura di piccoli spazi tra un ragionamento e l'altro. Una mente chiara respinge sia il dubbio che la confusione.

Questo nuovo senso di spaziosità interiore potrà infondere nuova fiducia nel potere della tua mente, che poi emanerai ovunque andrai e in ogni cosa che farai.

In Giappone, dove l'Arte della Contemplazione si è perfezionata attraverso le pratiche incisive del Buddismo Zen, uno dei caratteri utilizzati per la parola contemplazione è:

参悟

La traduzione letterale di questi due caratteri è "La luce che brilla attraverso la mente".

Molti esseri umani hanno intuito che la mente che opera al suo massimo potenziale è collegata alla nozione di luce. Si parla di "lampi di intuizione" e di "illuminazione". Tutte le grandi tradizioni mistiche alludono a questa luce interiore che esiste in uno stato che va appena oltre la nostra mente ordinaria. L'obiettivo più alto dell'Arte della Contemplazione è, in ultima analisi, quello di rivelare questa luce interiore.

Il più grande potenziale spirituale della tua mente è vedere la stessa verità risuonare in tutte le cose e in tutti gli esseri. Questo obiettivo elevato è il risultato di molti anni di pratica contemplativa intensa. Nonostante siano difficili da raggiungere, tali stati sono confermati da molti saggi che ci hanno preceduto.

Che questo possa essere un grande incoraggiamento per te, mentre affinerai e perfezionerai le capacità della tua mente attraverso l'Arte della Contemplazione. Un giorno, il beneficio che ne trarrai sarà vedere attraverso questa mente universale, vivendo direttamente questo magico stato di unità conosciuto come Mente di Luce.

LA CONTEMPLAZIONE EMOTIVA

Coltivare il proprio Scopo Superiore

Man mano che la pratica quotidiana della prima tecnica contemplativa si consolida, è possibile iniziare a percepire come tutte queste pause – sia brevi che lunghe – si intreccino per formare una rete di grande quiete. Ora potremmo persino ritrovarci a condurre due esistenze distinte: la nostra vecchia vita, in cui siamo ancora come un ragno trasportato dal vento, e una nuova vita che si sta palesando, in cui ci sentiamo sempre più radicati e sostenuti da un nuovo senso di stabilità e calma. La pratica di contemplazione ci invita a coltivare continuamente questo senso di stabilità di fondo nello scenario mutevole dell'esistenza.

Senza questo senso di quiete e chiarezza interiore, non possiamo percepire né conoscere la nostra vera essenza. Molte persone non si rendono nemmeno conto che esiste una forza trascendente che vive dentro di noi. Come un seme che ognuno riceve alla nascita, questa essenza misteriosa richiede una delicata coltivazione per poter rivelare il suo vero splendore nella nostra vita. Attraverso la pratica e l'Arte della Contemplazione, questo seme germoglierà dentro di noi sotto forma di un potente senso di scopo e di visione superiore.

Riesci a immaginare la differenza tra una persona che vive con una solida visione interiore e una persona che non ce l'ha? Senza questa visione chiara, si va semplicemente alla deriva senza timone nelle correnti della vita, reagendo e correndo da un evento all'altro. Non c'è coerenza in una vita del genere, e neanche un vero senso di scopo.

Immagina ora una persona che vive con una solida visione interiore. Forse non sa esattamente dove sta andando, ma dal cuore della sua vita scaturiscono forza, impegno e volontà. Il suo scopo superiore sgorga da una grande fonte di calma e si manifesta nella sua esistenza con un senso di virtù e di nobili azioni. Una vita del genere poggia su uno schema solido e profondamente appagante. Questa è la vita contemplativa, ed è alla tua portata.

Può essere utile immaginare la contemplazione come se si trattasse di un giardino da preparare. Si ripuliscono gli spazi dalle erbacce e si vanga il terreno. Ogni tanto si semina con cura un seme o si pianta un bel cespuglio di rose. Poi bisogna avere pazienza e aspettare, come fanno tutti i giardinieri. In men che non si dica spunteranno nuovi germogli e una nuova visione inizierà a manifestarsi davanti ai tuoi occhi.

Cavalcare l'Onda Emotiva

Essendo radicati ancora più in profondità dei pensieri, i nostri schemi emotivi hanno un impatto decisamente maggiore sulla qualità della nostra vita rispetto a qualsiasi altro fattore interno. Le emozioni, inoltre, sono inseparabili dal pensiero, il che significa che quando sperimentiamo un cambiamento nel modo di pensare, sperimentiamo anche un cambiamento nel modo di sentire.

Man mano che la nostra pratica di contemplazione avanza, una delle prime cose che potremo notare sarà una maggiore consapevolezza delle nostre emozioni. Tutte le emozioni oscillano come un' onda che ci porta dalla felicità al dolore e viceversa, in un moto perpetuo. L'onda emotiva di ogni persona è unica, e risponde a un ambiente in costante mutamento. Alcune onde sono delicate e sinuose, altre sono taglienti e impetuose, altre ancora sono relativamente piatte e sottili. Quando si conosce bene una persona, si impara anche a conoscere la forma e la frequenza della sua particolare onda emotiva.

La contemplazione crea un senso di spazio intorno alle emozioni e ci permette di non subire l'impatto delle loro potenti onde. Ciò significa che non siamo più vittime dei nostri stati emotivi mutevoli o di quelli più intensi degli altri. Una delle sfide più grandi che dobbiamo affrontare è l'identificazione con le nostre emozioni. Quando ci arrabbiamo con qualcuno, ad esempio, non ci rendiamo conto che è l'identificazione con il nostro stato emotivo a intrappolarci. Lo spazio interiore e la consapevolezza forniti dalla contemplazione depotenziano questo processo di identificazione profonda, eliminando gradualmente la nostra tendenza ad attribuire la responsabilità e la colpa del nostro stato d'animo agli stimoli esterni.

Gestire la nostra onda emotiva e le onde degli altri è come essere al largo, oltre i cavalloni con una tavola da surf. Dobbiamo sincronizzarci con i ritmi delle diverse onde che si avvicinano. Se ci facciamo distrarre dai ritmi e dalle onde degli altri, non saremo allineati e verremo trascinati sott'acqua o travolti da un cavallone. Tuttavia, quando riusciamo a mantenere il nostro equilibrio, anche in un mare agitato, raggiungeremo quel bellissimo punto di stabilità che ogni surfista conosce.

Uno dei tratti distintivi di una potente pratica contemplativa è questa capacità di rimanere centrati e stabili tra i molti alti e bassi della nostra vita emotiva. Come vedremo, questo è il vero fulcro dell'intero lavoro.

Molti di noi hanno probabilmente sentito parlare del concetto di QE – la nostra "intelligenza emotiva". Come contrappeso al nostro QI (intelligenza mentale), il QE misura la nostra capacità di discernere tra i nostri stati emotivi e quelli degli altri, nonché la capacità di assumerci la responsabilità di tali stati emotivi. Un QE elevato rappresenta quindi la capacità di comunicare le proprie emozioni in modo chiaro e rispettoso, con un alto grado di empatia verso gli altri. Un QE elevato migliora tutti gli aspetti delle relazioni, consentendo di affrontare situazioni emotive difficili con equilibrio e gentilezza. Uno dei grandi vantaggi dell'Arte della Contemplazione è che aumenta significativamente il QE, aprendo uno spazio più ampio nel cuore.

Quando inizi a dare più spazio alla tua mente attraverso la tecnica delle pause, si aprirà spontaneamente un'estensione più ampia nelle tue emozioni. Ben presto inizierai a renderti conto di quanto la tua mente e le tue emozioni siano profondamente interconnesse. Questo ti permetterà di ascoltare più chiaramente ciò che accade dentro di te a livello emotivo. Man mano che la tua contemplazione si farà più profonda, è probabile che entrerai in un periodo di trasformazione emotiva, identificando e "sradicando" i vecchi schemi emotivi che non ti servono più. Potrebbe essere una fase emozionante e potente della pratica, in grado di migliorare il contesto emotivo delle tue relazioni in modi nuovi e dinamici.

Il vero segreto per avere un QE elevato sta nell'ascolto. Molte persone al giorno d'oggi hanno dimenticato come ascoltare gli altri perché hanno dimenticato come fermarsi e fare una pausa. Solo quando ti acquieti dentro riesci davvero ad ascoltare ciò che accade in un'altra persona. E quando sarai capace di ascoltare il dolore nel cuore di un altro, senza avere fretta di farlo sentire meglio, allora avrai imparato ad ascoltare dall'anima. Sentirsi ascoltati a questo livello, può avere un effetto profondamente curativo, sia per l'altro che per te. Questo è un altro dono prezioso che il sentiero contemplativo ci insegna.

L'Amigdala – *Catturare le Ombre*

Nei profondi recessi del cervello si trova una piccola camera neurale a forma di mandorla chiamata amigdala. L'amigdala è il centro di elaborazione della memoria e delle emozioni – in particolare di quelle radicate nella paura.

Gli eventi difficili e impegnativi che si sono verificati nei primi anni di vita sono impressi in questa rete neurale, e possono essere attivati istantaneamente ogni volta che ci sentiamo insicuri o minacciati. È ormai scientificamente provato che i ricordi dolorosi dei nostri antenati vengono addirittura trasmessi attraverso il nostro DNA e diventano parte del nostro personale bagaglio di schemi emotivi e di meccanismi di difesa.

L'amigdala è come il detonatore di una bomba. Operando a un livello inferiore alla nostra consapevolezza, innesca riflessi acquisiti che vengono trasmessi attraverso il nostro sistema nervoso e che poi si manifestano come reazioni emotive. Il noto psicanalista C.G. Jung ha chiamato questi schemi "ombre", forse perché ci inseguono ovunque andiamo. Le reazioni emotive dell'ombra possono essere di due tipi: estroverse e introverse. Le reazioni estroverse si manifestano spesso come rabbia o agitazione, mentre gli schemi introversi tendono a manifestarsi come apatia, ansia o addirittura depressione.

Se contempli la storia delle tue relazioni, probabilmente vedrai prevalere l'una o l'altra di queste reazioni ombra. Tendi a rivolgerti verso l'interno e a comprimere il tuo dolore internamente, oppure ti sfoghi e lo esprimi sotto forma di rabbia o accuse? In realtà, se scaviamo un po' più in profondità, scopriremo che dietro entrambi questi schemi ombra si nasconde una paura universale molto ben radicata.

Lo scopo principale della contemplazione è quello di aiutarci a guardare questa paura universale che accomuna tutti gli esseri umani. Questo è il ruolo del Pivoting, la seconda tecnica di questo libro. Il Pivoting mostra come cogliere le proprie ombre in azione e, di conseguenza, disinnescare il detonatore neurale che alimenta il conflitto. Col tempo, imparando la tecnica del Pivoting, gli schemi neurologici memorizzati nell'amigdala vengono riprogrammati. Questo porta a essere meno diffidenti, si impara a lasciar andare lo stress, e il cuore si ammorbidisce e si apre.

La seconda Tecnica – *il Pivoting*

Forse già noti e senti i benefici della prima tecnica delle pause. Se una tecnica così semplice può avere effetti così profondi nella nostra vita, cosa potrebbe accadere se andassimo ancora più a fondo negli intervalli e nelle pause? Contempliamo la seguente frase:

Ogni pausa è un campo di trasformazione.

Questa è la base della seconda tecnica, nota come *Pivoting*. Il potere delle pause risiede nel fatto che iniziano a creare un ambiente di quiete dentro di noi – come un lago calmo in una limpida mattina d'inverno. Quando l'acqua è agitata non riusciamo a intravedere nulla, mentre quando è calma diventa cristallina. La prima fase consiste nel creare chiarezza, la seconda nel lasciare cadere qualcosa di potente in quel lago e osservare le increspature che si riverberano in tutto il nostro essere. La seconda tecnica del Pivoting consiste nell'utilizzare attivamente la nostra contemplazione come fulcro per realizzare una trasformazione personale. È qui che la nostra contemplazione diventa azione.

Il Pivoting è una pratica che deriva dalla tradizione orientale dove è intesa come un mezzo per trasformare i nostri desideri – o le nostre "ombre" – in una visione trascendente della realtà. Nella nostra versione contemporanea della contemplazione, il Pivoting è un atto di volontà che, nello spazio di un solo secondo, cambia la direzione della nostra energia da una parabola verso il basso a una spirale verso l'alto.

Ora, quando entri nello spazio di una pausa, immagina di essere un meccanico di auto che fa un rapido controllo del motore nel bel mezzo di una gara. Scansioni l'interno del corpo alla ricerca di eventuali disturbi, osservi il tuo modo di respirare, controlli il tuo stato emotivo e fai una diagnosi generale degli schemi di pensiero che stanno attraversando la tua mente. Puoi fare tutto questo in pochi istanti.
Questa autovalutazione ti insegnerà a lavorare con il tuo intuito, che rileverà immediatamente una potenziale area o un problema che richiedono un'attenzione maggiore.

Potresti immaginare di avere tre aree da diagnosticare – corpo fisico, benessere emotivo e stato mentale – a cui la tua intuizione assegnerà un punteggio compreso tra 1 e 10. Un altro modo potrebbe essere quello di visualizzare uno spettro in cui il verde rappresenta uno stato di tranquillità, il giallo uno stato accettabile e il rosso una condizione di disequilibrio. Il trucco qui non è analizzare troppo, ma fare una diagnosi rapida in modo che l'intuizione passi in primo piano. Questo fornisce immediatamente alla tua contemplazione un punto focale (definito appunto **Pivot**, N.d.T). Puoi fare tutto questo in silenzio, con gli occhi chiusi o aperti. Con la pratica potrai fare l'esercizio in ogni momento, mentre ti muovi e cammini, o persino in un ambiente affollato. Il segreto della contemplazione sta nell'essere al cento per cento con se stessi, dentro di sé.

Una volta identificata l'area o le aree che necessitano di maggiore attenzione, potrai portare il tuo focus su quel punto e osservare con onestà ciò che sta emergendo. Sarà proprio questa onestà che porterà a una svolta, man mano che ti immergerai nel potente processo di pivoting.

Di seguito sono riportati tre esempi di applicazione nella vita di tutti i giorni:

1. Stai vivendo una brutta giornata. Ti senti stressato e ansioso a causa di alcuni impegni che ti mettono sotto pressione. Questo ti rende anche più irritabile e suscettibile del solito. Pertanto, il tuo stato di stress ha l'effetto di diffondere altro stress intorno a te. A un certo punto, ti ricordi di fare una pausa. Per qualche minuto ti disciplini per sospendere tutto quello che stai facendo e lasciare che la vita si rimetta al passo con te. Durante questi preziosi istanti, ti rendi improvvisamente conto di essere intrappolato in uno schema mentale autodistruttivo.

Respiri fino a quando trovi una piccola oasi di quiete in mezzo al torrente delle pressioni esterne. Da questo minuscolo specchio d'acqua calma puoi cambiare il tuo atteggiamento e quindi la direzione di tutta la tua giornata. L'improvviso salto di consapevolezza è abbastanza potente da diventare il perno che permette di passare da un atteggiamento vittimistico a uno creativo.

2. Ti senti emotivamente a terra. Hai perso il contatto con il senso di gioia o con lo scopo più profondo della vita. Ti senti scollegato dagli altri e non sai come tornare in un luogo più luminoso. Invece di cercare di distrarti dal disagio, crei una pausa, uno spazio dentro di te in modo da poter osservare il tuo stato interiore con onestà. Riflettendo più a fondo, ti rendi

conto che lo stato in cui ti trovi è una profonda apatia. Ti ricordi che non si tratta di uno stato solo tuo, ma che è comune a tutti gli esseri umani. Da questo luogo di autocompassione, ti addentri ancora di più in te stesso, nel tuo cuore, fino a trovare una piccola fiammella.

C'è sempre una fiammella in mezzo all'apatia. Ti prendi cura di questa preziosa fiamma, come se fosse una piccola scintilla in una fredda notte d'inverno. Con pazienza, la ravvivi fino a farla crescere dentro di te. Questo può richiedere tempo, anche diversi giorni. Ma a poco a poco, la tua consapevolezza e il tuo coraggio contribuiscono a riportare in vita questa fiamma, e tu ricominci a sentire la tua umanità. Senti nascere dentro di te il calore e la speranza. Hai fatto dell'auto-compassione e dell'amore il cardine di un cambiamento totale di consapevolezza e, avendolo fatto una volta, avrai anche la forza per poterlo rifare ogni volta che ne avrai bisogno. Hai imparato a riportare in vita il tuo cuore.

3. Avverti una certa tensione nel tuo rapporto di coppia. Indipendentemente dal fatto che tu ne capisca o meno il motivo, senti crescere la pressione e la probabilità che scoppi un litigio. Invece di concentrarti sull'altra persona, fai una pausa e rivolgi la tua attenzione verso l'interno.

Ti assumi la piena responsabilità del tuo disagio, separando i tuoi problemi da quelli dell'altra persona. In questo modo ti senti più sereno nel cuore e nella mente. Ora, invece di prepararti a difenderti o ad attaccare, ti trovi in uno stato in cui puoi gestire le emozioni che emergono da uno spazio di empatia. Per questo motivo, decidi di non rivolgerti all'altro in modo negativo. Non reprimi i tuoi sentimenti, ma ascolti prima l'altro, riconoscendo ciò che dice anziché difenderti. Poi, se è il caso, parli col cuore aperto e senza biasimo. Hai bloccato il litigio usando una pausa come cardine per un cambiamento totale di direzione della tua energia emotiva.

Invece di una discussione esplosiva e dolorosa, hai creato un'atmosfera di accettazione e comprensione.

In ognuno degli esempi sopra citati, l'atto di pivoting avviene durante una pausa. Ovviamente non tutte le pause portano al pivoting, ma aumentando la frequenza delle pause nella tua vita, aumenterai anche la possibilità che si verifichino queste potenti trasformazioni. Con il tempo, utilizzando questa semplice tecnica delle pause e del pivoting, ti accorgerai che stai superando molti vecchi schemi negativi e che nelle tue giornate fluisce un nuovo senso di libertà e di leggerezza.

Il bello del pivoting è che non si tratta di qualcosa che si fa consapevolmente. Per la mente moderna può essere difficile comprendere che la guarigione avviene senza un'azione cosciente o uno sforzo da parte nostra. L'aspetto cosciente della tecnica consiste nel fare una pausa e poi guardarsi dentro per vedere cosa sta succedendo. Il pivot stesso – se e quando avviene – è imprevedibile, misterioso e semplicemente accade per il solo fatto di essere onesti con se stessi, concedendosi lo spazio necessario affinché si verifichi un cambiamento. Basta solo portare l'attenzione sul nucleo della questione – come una madre che culla il suo bambino – e poi aspettare.

La seconda Conferma – *le Rivelazioni*

La seconda delle tre conferme che si verificano con la pratica della contemplazione si chiama Rivelazione. Così come la prima conferma si presenta sotto forma di intuizione mentale, la seconda avviene come scoperta emotiva. Come indica la parola, questa conferma che arriva inaspettata e potente, è una trasformazione di qualche aspetto del nostro comportamento emotivo. Spesso la prima fase di questa scoperta consiste semplicemente nel vedere per la prima volta in modo oggettivo il nostro schema emotivo ombra. Può essere uno shock rendersi conto di quanto siamo stati vittime di una particolare convinzione emotiva. Vedere chiaramente lo schema porta poi alla graduale dissoluzione del problema, man mano che la nostra consapevolezza continua a sgretolarlo. Alla fine, la pratica contemplativa trasformerà completamente la vecchia ombra negativa che smetterà di perseguitarci e di causarci dolore.

Le rivelazioni possono presentarsi sotto forma di una presa di coscienza improvvisa o di un'espansione emotiva costante, mentre sradichiamo un vecchio paradigma che ci ha perseguitato per anni. Nella maggior parte dei casi, le rivelazioni durano un periodo di tempo considerevole, poiché stiamo lasciando andare schemi che si sono formati molto tempo fa, quando eravamo bambini. Se in qualsiasi momento dovessi sentirti sopraffatto da questi cambiamenti interiori provocati dalla pratica della contemplazione, ti consigliamo di rivolgerti a un terapeuta o a un professionista che potrà aiutarti a superare questo periodo di transizione.

Permettere, Accettare, Abbracciare −
le tre Fasi della Rivelazione

Il processo delle rivelazioni prevede tre fasi distinte che possono aiutare a lasciarsi andare più profondamente al cambiamento. Queste fasi possono anche farci capire dove ci troviamo nel nostro territorio emotivo e dove siamo diretti.

La prima fase consiste nel permettersi di sentire il dolore. Che si tratti di rabbia, paura, apatia, risentimento, tristezza o qualsiasi altra emozione, il primo passo consiste nel darsi il permesso di sentire l'emozione. Non è necessario che l'emozione ci piaccia o che ne accettiamo l'esistenza. Si può anche odiare un'emozione. Permettere significa creare uno spazio intorno al disagio. Finché non accogli il sentimento dentro di te, stai negando il dolore, che finirà per annidarsi nella tua psiche.

La bellezza del permettere, sta nella sua immensa generosità. É sufficiente aprire un pochino la porta, quel tanto che basta a farci sentire a nostro agio. Darsi il permesso di sentire non crea pressione. Si dà solo una sbirciatina allo schema. Possiamo anche richiudere la porta se ci sembra troppo doloroso. Permettere è un processo in cui apriamo gradualmente la porta, per un certo lasso di tempo.

La seconda fase inizia dopo che abbiamo "dato il permesso" un certo numero di volte. L'accettazione avviene quando iniziamo ad abituarci al disagio e ci rendiamo conto che il dolore emotivo non ci distruggerà. Magari il dolore può sembrarci opprimente, terrificante, oppure farci sentire irritati, spenti o pieni di rabbia. Accettare uno schema negativo è un po' come accogliere un cane o un gatto randagio che è stato maltrattato. Ci vuole tempo per ricostruire la fiducia. La parte ferita della nostra psiche ha bisogno di acclimatarsi gradualmente alla profondità del dolore. Mentre il permettere lascia spazio a ogni tipo di sentimento e di situazione estrema, l'accettazione ci porta in un luogo più profondo e maturo, in cui affrontiamo veramente il nostro dolore o la nostra difficoltà con amore e comprensione.

La fase finale è quella dell'abbraccio, ed è l'apice di ogni rivelazione. Una volta che uno schema emotivo ombra è stato pienamente accettato a un livello più profondo, viene effettivamente eliminato dal nostro sistema. Il ricordo doloroso che ha dato origine alla difficoltà è stato accolto con la nostra più profonda e sincera compassione. Gli è stato permesso di esprimersi senza essere proiettato sull'altro come accusa. Né abbiamo in alcun modo represso l'ombra come qualcosa di vergognoso che desideriamo dimenticare.

Nel corso del tempo, grazie al nostro grande coraggio, lo schema si è trasformato e, con un bellissimo colpo di scena, è diventato qualcosa di straordinario: è diventato grazia. La grazia può assumere molte forme: può presentarsi come perdono, potenziamento di sé, umiltà o qualsiasi altro senso profondo di risoluzione emotiva. L'essenza della rivelazione è che il nostro dolore lascia trasparire il suo vero scopo superiore, quello di portarci un profondo senso di completezza e di amore.

Applicare il Pivoting nelle nostre relazioni –
fare Tabula Rasa

Man mano che il potere del pivoting si diffonderà nella tua vita, tutte le tue relazioni ne trarranno beneficio. I rapporti personali diventeranno molto più facili, perché imparerai l'arte dell'empatia e della pazienza che deriva da questa tecnica. Anche i rapporti di lavoro diventeranno più chiari ed efficienti, poiché un maggiore senso di rilassamento nei confronti degli altri porterà a una comunicazione aperta e onesta. Con la semplice onestà si risparmia moltissimo tempo. È come se si ricominciasse la propria vita da capo, con una tabula rasa da cui la negatività e la disonestà sono state completamente eliminate.

In Giappone esiste una tradizione nota come "*haragei*", che riguarda la comunicazione sottile che passa tra le persone attraverso la chimica, l'espressione facciale, il linguaggio del corpo e l'intuizione. È stato dimostrato che la maggior parte della comunicazione tra gli esseri umani avviene a questo livello inconscio. Nell'haragei, i fattori più importanti della comunicazione sono l'onestà e l'intenzione. Se si nasconde qualcosa, per quanto si pensi di essere abili nel farlo, la comunicazione avverrà sempre a livello inconscio. Anche se crediamo di poter manomettere il nostro reale sentire, alla fine il fattore nascosto verrà a galla a un certo punto della relazione, di solito provocando una crisi.

Il motivo per cui la tecnica del pivoting crea cambiamenti così benefici nelle nostre relazioni è che ci allena a essere onesti interiormente. Quando si è onesti con se stessi e con l'altro, la relazione è pulita. Una relazione pulita è come un giardino ben curato in cui i fiori e le piante hanno le condizioni ottimali per crescere e prosperare.

Il Ruolo della Gentilezza

Come si può ben immaginare, a volte il pivoting può essere un processo interiore piuttosto intenso. Ci si trova ad affrontare aspetti di sé da cui con tutta probabilità si è fuggiti inconsciamente per la maggior parte della propria vita. Tutte le nostre sfide interiori sono radicate in vecchie paure. Le reazioni emotive dell'ombra di cui si è parlato in precedenza sono semplicemente un modo comprensibile per cercare di superare profondi traumi o paure. Queste aree così delicate della nostra psiche possono essere approcciate solo con la massima gentilezza. Questa gentilezza è la quintessenza dell'Arte della Contemplazione. Se anche non dovessi ricordare nient'altro mentre pratichi l'Arte della Contemplazione, ricorda solo questo:

Sii innanzitutto gentile con te stesso.

Il messaggio centrale che la contemplazione ci insegna è che provare paura è sicuro. Cioè, la paura non ci fa sentire al sicuro, ma provarla è qualcosa di normale. Allo stesso modo, quando ci avviciniamo a un dolore qualsiasi, invece di spaventarci, grazie alla contemplazione ci ammorbidiamo.

Quando qualcuno è ferito fisicamente, il nostro istinto immediato è quello di comportarci con delicatezza e calma nei suoi confronti. La contemplazione applica questa stessa saggezza anche dentro di noi. Tutti abbiamo delle ferite emotive sensibili. Il tocco della contemplazione è il tocco più gentile e più indulgente che ci sia. Quando si prova un qualsiasi livello di dolore, questo è lo spirito con cui ci si deve approcciare.

Allo stesso modo, nelle relazioni personali e professionali è fondamentale tenere sempre in considerazione i sentimenti dell'altro. Dobbiamo essere onesti, ma anche gentili e premurosi. Quanto più è morbido il nostro tocco, tanto maggiore sarà l'apertura.

Il Beneficio del Pivoting — *il Cuore di Pace*

Il pivoting ci fa confrontare con l'ignoto, con il cambiamento e con il lato imprevedibile della vita. È anche il filo del rasoio della contemplazione. Come un bisturi, il pivoting può essere usato per eliminare la disonestà dalla nostra vita interiore. Ci vuole coraggio per affrontare le ferite, le sfide e le ombre in questo modo, ma i benefici del processo sono esponenzialmente immensi rispetto alle difficoltà. La tecnica del pivoting può effettuare l'operazione, ma sarà la nostra pratica contemplativa continua a guarire le ferite che emergono. È raro trovare un essere umano senza alcun segno di trauma nella sua vita emotiva. Il grande antidoto al trauma è l'amore.

Nel mondo contemporaneo si parla molto del vero significato dell'amore. Pochi sono coloro che hanno veramente scoperto la sorgente dell'amore all'interno del cuore umano. Eppure questa è la ricompensa che deriva dall'Arte della Contemplazione. Man mano che la nostra consapevolezza continua ad aprire spazi di calma sempre più profondi, i vecchi schemi e i dolori affiorano per essere guariti, e da questi schemi emerge il nostro scopo più elevato.

Gli antichi Sufi dei deserti del Medio Oriente dedicarono tutta la loro vita esclusivamente allo studio del tema dell'amore.

Nel corso di molte generazioni essi crearono una preziosa scienza dell'amore tuttora attuale. I Sufi identificarono molte forme d'amore, dando loro nomi precisi. Il nome che diedero alla forma più alta dell'amore umano è *"Ishq"*, "Amore puro". L'amore puro è incondizionato e sgorga dal cuore quando tutte le ferite sono state guarite.

Questo è il grande amore cantato dai nostri poeti da tempi immemorabili – l'amore che ricuce il tessuto stesso del nostro mondo. Sebbene a molti possa sembrare un sogno romantico, l'amore puro è l'unica eredità eterna che abbiamo noi esseri umani. Non c'è nulla di paragonabile a esso in tutto il creato. Tutta la nostra conoscenza, la scienza e la presunzione decadono in presenza di questo amore. È da questo amore che proveniamo e a questo amore torneremo. È il mistero incommensurabile del cuore umano.

Questo amore puro, anche se ottenuto con fatica e raramente manifestato sulla nostra terra, è la ricompensa assoluta dei livelli più profondi della contemplazione. Quei pochi che lo hanno incarnato nel corso della storia, hanno trovato poche parole per descriverlo. Ne parlano come di una pace indescrivibile che risiede nel cuore umano. È questo *Cuore di Pace* che giace sepolto come una gemma scintillante dentro ognuno di noi, in attesa del giorno in cui troveremo il coraggio di trafiggere le nostre paure e lasciare che i petali dei nostri cuori si aprano di nuovo completamente.

CONTEMPLAZIONE FISICA

Celebrare il Corpo

Le grandi tradizioni contemplative, nel corso del tempo, hanno tenuto posizioni molto diverse nei confronti del corpo fisico. I percorsi di rinuncia più estremi cercano di trascendere il corpo attraverso un'intensa disciplina e persino attraverso la negazione di sé. Questi percorsi possono essere duri e poco realistici per il mondo contemporaneo.

Un approccio più equilibrato consiste nell'utilizzare il corpo e i suoi impulsi naturali come mezzo per ottenere la conoscenza di sé e celebrare ogni giorno la fisicità. Il nostro corpo è come un caro animale domestico: più ce ne prendiamo cura e lo amiamo, più sarà felice e sano. Se si trascura un animale, esso diventerà sempre più infelice e irrequieto. Se gli si dà troppo o troppo poco da mangiare, o se si tralascia l'esercizio fisico, inevitabilmente ne soffrirà. Si tratta di verità ovvie ma fondamentali.

Più ci addentriamo nell'Arte della Contemplazione e più avremo il desiderio di mantenere il nostro corpo puro, perché un corpo puro porta a uno stato di pura calma interiore. Questo non significa che dobbiamo essere austeri con il nostro corpo né tantomeno preoccuparcene eccessivamente.

Il corpo è lo specchio delle nostre esperienze: se lo sottoponiamo a uno stress prolungato, si ribellerà o crollerà. Il corpo è quindi come un insieme di meccanismi finemente regolati. Con il tempo dobbiamo imparare esattamente ciò di cui ha bisogno per prosperare e operare in perfetta armonia.

Finora nel nostro viaggio contemplativo abbiamo esplorato sia la mente che le emozioni. Il corpo fisico è la base per entrambe. La chimica del nostro cervello, il sistema nervoso, il sistema immunitario e tutti gli aspetti della nostra fisicità sono perfettamente collegati tra loro. Siamo un insieme pulsante e luminoso. Nel corpo si nascondono molti segreti. Se impariamo a valorizzarlo, esso ci svelerà gradualmente questi segreti. Il nostro DNA è un labirinto di possibilità inimmaginabili. Solo portando corpo, mente ed emozioni in perfetta armonia potremo sbloccare le possibilità superiori latenti nel nostro DNA. A quel punto sperimenteremo quel livello di salute radiosa e di maggiore consapevolezza che attualmente è dormiente. L'Arte della Contemplazione è il dolce sentiero che può condurci a questo stato di meravigliosa completezza.

Il Corpo e le Stagioni – *la Sintonizzazione*

Una delle influenze più forti sulla nostra contemplazione è l'alternarsi delle stagioni. Possiamo iniziare osservando che il corpo pulsa secondo i ritmi naturali del pianeta. A seconda del luogo in cui viviamo, la parte più istintuale del nostro corpo si adegua in modo del tutto naturale alle frequenze ambientali della vita che ci circonda. La nostra posizione all'interno di uno sistema più ampio che comprende la posizione del sole, della luna e delle sfere celesti, fornisce anche un ritmo sottile alla nostra pratica contemplativa personale. Man mano che diventiamo più consapevoli di questi fattori stagionali e locali, possiamo perfezionare la nostra contemplazione e armonizzarci con l'ambiente.

La Contemplazione Primaverile

Ogni primavera la terra si risveglia. Quando i boccioli iniziano ad aprirsi e le creature intorno a noi diventano più indaffarate e più concentrate sull'esterno, anche la nostra consapevolezza segue questo impulso in modo spontaneo. Con il ritorno della luce solare, è naturale svegliarsi di buon mattino. C'è così tanto materiale per la nostra contemplazione!

Il canto degli uccelli, il sole che filtra tra le nuvole dopo la pioggia: il vigore della natura è evidente ovunque. All'inizio della primavera è opportuno fare una pausa dalle normali attività. In questa pausa – che può durare qualche giorno – si può estendere la contemplazione al proprio ambito fisico e ripulire la propria vita da cima a fondo. Questo è anche un momento eccellente per fare delle contemplazioni di purificazione – le cosiddette pulizie di primavera che eliminano i vecchi schemi, le idee e le cose che non ci servono più o che non usiamo più. Man mano che entrerai nel pieno della primavera, avrai la meravigliosa sensazione che il tuo anno inizi da un punto di freschezza e chiarezza. In questo modo ridurrai anche la probabilità di essere sopraffatto dagli impegni nel corso della primavera. Questa è anche la stagione ideale per praticare regolarmente la Contemplazione Solare di cui parleremo nella parte finale di questo libro.

La Contemplazione Estiva

I mesi estivi sono di solito quelli in cui abbiamo più bisogno di praticare la contemplazione. Siamo spesso molto occupati e attivi, il che significa che facciamo meno pause. Meno pause facciamo, meno opportunità avremo per sperimentare dei momenti di pivoting – motivo per cui l'estate spesso porta a un accumulo di calore nel nostro sistema. Questo può provocare un sovraccarico emotivo, esaurimento e altri problemi fisici. In estate, una delle migliori contemplazioni è semplicemente quella di sedersi o sdraiarsi regolarmente e di rilassarsi al sole o all'ombra. Si può trarre ispirazione dal gatto, che è un maestro di questa tecnica contemplativa. Se si lavora spesso in ambienti chiusi, ogni pausa assume un'importanza vitale in quanto sintonizza il corpo sul suo ritmo naturale – anziché su quello imposto dall'aria condizionata o dall'illuminazione artificiale. In estate le contemplazioni più naturali avvengono quando siamo in movimento. In questo senso una passeggiata, una corsa o una nuotata possono regalarci una pausa salutare e gradita. Potresti provare a praticare le contemplazioni attive descritte nella parte finale di questo libro.

La Contemplazione Autunnale

L'autunno è la delizia di chi pratica la contemplazione. È il periodo dell'anno più adatto all'Arte della Contemplazione. In autunno, le energie della terra si orientano in modo naturale verso l'interno, e lo stesso vale per il nostro corpo fisico. Dobbiamo imparare a lasciare andare dolcemente i frutti e i ricordi dell'estate e ad accogliere questa svolta interiore. Questo è il periodo dell'anno in cui le condizioni per la contemplazione sono ottimali. Quando la luce si ritira, gli stati d'animo cambiano e il nostro bioritmo rallenta. Ora si possono fare pause più lunghe e permettere alla mente e al cuore di immergersi più profondamente e più frequentemente nei regni interiori. Per alcune persone, l'autunno può essere un periodo di tristezza e, a volte, di depressione. L'Arte della Contemplazione può essere di grande aiuto per questi sentimenti e stati d'animo, perché sfrutta in modo attivo e creativo la nostra tendenza a guardarci dentro. Se sei soggetto a questi stati, potresti trarre grande giovamento nel praticare la Contemplazione Solare nell'epilogo.

La Contemplazione Invernale

L'inverno è la grande festa della vita contemplativa. Quanto più la tua pratica di contemplazione si affinerà e diventerà profonda, tanto più apprezzerai e amerai questa stagione. In inverno il corpo ha bisogno di sonno, riposo e tranquillità più che in qualsiasi altro periodo dell'anno. Purtroppo, il nostro stile di vita moderno fa di questo periodo uno dei più stressanti e impegnativi dell'anno. In quanto persona contemplativa, magari tendi a voler affrontare di petto la sfida tra cultura e chimica. Se ti senti sotto pressione, dovrai aumentare la frequenza delle pause per mantenere uno stato interiore sano. Alcune brevi pause fatte con regolarità per respirare profondamente, possono letteralmente ridisegnare un'intera giornata. Man mano che la contemplazione diventerà più importante per te, potresti sentire l'esigenza di riorganizzare la tua vita per garantire al tuo corpo lo spazio interiore tranquillo di cui ha bisogno durante l'inverno.

Ritmi Equatoriali e di altro tipo

In molti luoghi della Terra, le stagioni non sono così evidenti come descritte in precedenza. Ovunque si viva sul globo blu-verde, ci sono comunque sempre caratteristiche impercettibili e una certa stagionalità. Intorno all'equatore e ai poli, ad esempio, si riscontrano ritmi molto diversi. In alcuni climi – tipo la foresta equatoriale – la stagione delle piogge offre una pausa forzata che si presenta come un unico periodo prolungato o a intermittenza nel corso della giornata. Vicino ai poli o nei deserti, il giorno e la notte scandiscono tutti i ritmi circadiani della nostra chimica. In ogni luogo della Terra c'è un ritmo naturale di attività e di pausa che viene influenzato dai cicli atmosferici e dalla geografia locale. Il tuo compito è prestare attenzione a questo ritmo che risuona attraverso la chimica del tuo corpo, e sintonizzare e adattare la tua pratica di contemplazione a queste innumerevoli e sottili sfumature.

Ritmo, Contemplazione e Orologio Biologico

L'Arte della Contemplazione è una pratica intensa le cui radici affondano nella chimica del corpo. All'inizio potresti non rendertene conto, perché in questa fase l'applicazione delle tecniche avviene a un livello più superficiale. Forse avrai notato che l'ordine di questo libro va dalla contemplazione mentale a quella emotiva e successivamente a quella fisica. Questo perché la contemplazione inizia prima nella mente. Poi influisce sulla nostra vita emotiva e sulle nostre relazioni, ampliando sempre di più la chiarezza e la calma. Infine, dopo un po' di tempo, la contemplazione porta cambiamenti anche nel corpo fisico.

Questi cambiamenti possono avvenire in molti modi. Potresti scoprire che la tua dieta cambia in modo naturale e diventa più sana, il che avrà un impatto sul tuo corpo fisico. Magari inizierai a prendere decisioni a partire dall'amore per te stesso, anziché agire secondo modalità autodistruttive.

Il rilascio di vecchi schemi emotivi attraverso la tecnica del pivoting porterà anche un maggiore senso di libertà e vitalità. Può cambiare l'intera visione di sé, poiché la contemplazione consente di acquisire una maggiore sicurezza e un senso più profondo di amore per se stessi.

Tutti questi cambiamenti avranno un impatto graduale e sottile sul modo in cui il tuo corpo fisico funziona. Gli effetti prolungati di pause regolari e ritmiche ti faranno anche armonizzare meravigliosamente con il battito del cuore della vita. Mentre gli altri ti passeranno accanto in un turbinio di attività e di stress, tu ti sentirai più composto, più maestoso e più indipendente che mai. Un'altra area importante che cambia quando diventiamo più centrati in questo modo è il sonno. Ogni persona ha un proprio ritmo del sonno.

Molte persone al giorno d'oggi soffrono di mancanza di sonno o di disturbi del sonno. La contemplazione può risolvere queste difficoltà sintonizzandoci con il nostro orologio interno naturale. Il corpo fisico, essendo per lo più composto da liquidi, ha un suo ritmo naturale come la marea. La maggior parte delle persone non ne è consapevole. Ogni volta che si fa una pausa, ci si concede l'opportunità di stabilizzarsi in quella profonda pulsazione interiore. Il fluido intracellulare che entra ed esce dalle cellule del nostro corpo pulsa e scorre senza sosta. Se si riuscisse ad ascoltare interiormente il suono di questo processo, potrebbe assomigliare alle onde che si infrangono dolcemente su una spiaggia.

La contemplazione mira a sintonizzare tutto il nostro corpo, le emozioni e la mente su questi ritmi dolcemente rilassanti. Cambia sia la sincronizzazione interna che quella esterna, e ci troviamo più facilmente nel posto giusto al momento giusto. È affascinante osservare come cambia il nostro orologio corporeo man mano che affiniamo la pratica contemplativa. A volte può capitare di svegliarsi spontaneamente durante la notte, avvolti da un bellissimo stato di pace che si può approfondire attraverso la contemplazione consapevole fino a quando ci si riaddormenta in modo naturale. Spesso, al risveglio, quella stessa sensazione di serenità ci accompagna per l'intera giornata. Molti sono i misteri che si possono scoprire attraverso l'Arte della Contemplazione.

La Terza Tecnica — *l'Integrazione*

Nella stesura di questo libro, si è cercato di descrivere e scomporre un processo che è intrinsecamente misterioso ed essenzialmente intuitivo. La contemplazione è soprattutto un'arte e, in quanto tale, non si presta a facili spiegazioni. Ci sono tappe e pietre miliari tangibili lungo il percorso, come ad esempio la tecnica delle Pause. Chiunque può creare delle pause nella propria giornata, ma come si fa a sfruttarle al meglio? Per realizzare l'esperienza del pivoting, è necessario andare molto oltre il semplice "fare delle pause". Il pivoting è sia un cambiamento di consapevolezza che un sottile atto di volontà. Occorre avere un desiderio profondo di sperimentare "di più" nella vita. Così come il pivoting scaturisce dalle pause, l'integrazione scaturisce dal pivoting. Il pivoting è il campo di trasformazione, mentre l'integrazione è l'applicazione consapevole di questa trasformazione nei molti aspetti della nostra vita.

Integrare significa spingersi più in profondità nella vita e nel mondo – andare verso gli altri. È uno stato di fioritura e di accoglienza di tutti gli aspetti della vita. È la soglia della nostra maestria. L'integrazione è il cuore della contemplazione. Si tratta di un atteggiamento incrollabile che sviluppiamo nei confronti di tutto e di tutti coloro che ci circondano. Qualunque cosa accada, qualunque cosa ci porti il destino, la accogliamo con uno spirito di totale fiducia – *la integriamo*.

Non puoi integrare qualcosa o qualcuno se non hai già creato un ampio spazio dentro di te. Se provi a integrare una persona senza questo spazio interiore, rimarrete invischiati l'uno con l'altro.

Si tratta di una storia molto comune nelle relazioni umane. Ci confondiamo nelle storie degli altri e loro si confondono nelle nostre. È una narrazione ben presente in molti dei nostri drammi quotidiani. Finiamo in un'esperienza, un progetto o una crisi, e poi ci ritroviamo involontariamente coinvolti nella sua trama. Tali esperienze ci intrappolano e ci sottraggono energia. Questa non è una forma sana di integrazione, ma è una codipendenza.

La vera integrazione è un atto d'amore consapevole. È il risultato di molte pause e di molti cambiamenti. L'integrazione non è un evento singolo – come lo è il pivoting – ma è una nuova visione del mondo che cresce in noi man mano che la nostra contemplazione diventa più profonda e si stabilizza. L'integrazione è una maturazione della nostra anima, che comprende tutto ciò che pensiamo, diciamo e facciamo. È come se permettessimo alle nostre radici di estendersi in tutti gli angoli del mondo. Non c'è nulla da cui vogliamo fuggire o che vogliamo evitare, nulla per cui proviamo risentimento o invidia. Poiché questo tipo di integrazione deriva dalla spaziosità, nulla può aggrapparsi a essa. Ecco perché, nella vera integrazione, non si perde la propria identità individuale. In un meraviglioso paradosso, la nostra individualità diventa allo stesso tempo più splendida e più umile. La vita scorre intorno a noi e ci leviga come il fiume leviga le pietre dorate. In questo senso, l'integrazione non è una tecnica. È piuttosto la trascendenza della tecnica.

Come Integrare

Ovviamente, vorremmo sapere come creare l'esperienza dell'integrazione Ma l'integrazione è il frutto della contemplazione. Il seme di questo frutto è la tecnica delle Pause e il fiore è la tecnica del Pivoting. Il frutto nasce da solo, cadendo dall'albero solo quando siamo pronti. Esistono tuttavia tre principi da praticare che facilitano notevolmente l'esperienza dell'Integrazione.

1. Generosità

La vita ci offre costantemente l'opportunità di essere generosi. Possiamo essere generosi con le nostre risorse, il nostro tempo e soprattutto il nostro spirito. Abbracciare lo spirito di generosità in tutto ciò che si fa significa mettersi al servizio del tutto. Essere generosi significa diventare un canale per tutti i flussi di abbondanza della vita. Come una grande quercia, attirerai ogni genere di creatura nel tuo dolce abbraccio.

La generosità può essere molto sottile. La forma più grande di generosità è quella che non si vede. Per esempio, se una persona ti tratta in modo molto ingiusto o ti fa un torto, invece di correre a cercare di difendere il tuo onore entrando in conflitto con lei, potresti scegliere di arrenderti all'esperienza e contemplare la lezione profonda che ne deriva, e che forse ti invita a lasciar andare qualcosa. Di solito le persone si aspettano una difesa quando hanno sferrato un attacco, ma a volte è possibile ribaltare dentro di sé queste situazioni e la risposta può essere cortese e generosa, anziché reattiva e arrogante.

Per alcuni, l'eccessiva generosità può anche essere una fuga dall'amore per se stessi. Possiamo rimanere intrappolati in schemi di eccessivo impegno in cui ci lasciamo sfruttare dagli altri. In questo senso, il fondamento della generosità è costituito da sani confini personali. Come un fiume con forti argini, anche noi abbiamo bisogno di confini sani per dirigere la corrente della nostra generosità in modo da servire sia gli altri che noi stessi. Tutto nella vita – soprattutto i piccoli eventi e le attività quotidiane – può essere occasione di generosità. Alla fine di ogni giornata, fai un inventario della tua generosità, iniziando da come sei stato generoso con te stesso. Osserva i modi in cui sei stato generoso e quelli in cui avresti potuto esserlo di più. La generosità ci avvicina agli altri e ci permette di iniziare a sperimentare la gioia e il piacere dell'integrazione.

2. Amicizia

I grandi poeti d'amore della tradizione sufi, nelle loro rapsodie mistiche, cantano senza sosta la meraviglia dell'integrazione. Si riferiscono a questa condizione come "*l'Amico*".

Per questi mistici, tutto è visto come un amico. Ogni atto, situazione, oggetto o persona viene accolto come un'opportunità per sperimentare l'unità intrinseca di tutti gli esseri. Vedere ogni cosa come "amica" ha l'effetto immediato di avvicinare il mondo a noi. Si entra in maggiore intimità con le persone e le cose. E anche se l'altro non ricambia la tua offerta di amicizia, non importa. L'amicizia è un'estensione incondizionata della generosità del tuo spirito.

Quando ti troverai ad affrontare una sfida dell'esistenza, cerca di considerarla come se la vita ti offrisse un'amicizia più profonda. Come nell'arte marziale giapponese dell'Aikido, quando la sfida si presenta, affrontala senza indietreggiare. Piegati verso la difficoltà e porgile la tua mano amica, in modo da poter reindirizzare la sua energia, invece di diventarne vittima. Ogni volta che ci fermiamo e accogliamo qualcosa a un livello più profondo, tendiamo la mano alla vita in amicizia – e una parte di noi si integra con un'altra parte del mondo.

Infine, nella moderna era dell'informazione, tendiamo ad avere molti contatti ma pochi veri amici. Pertanto, bisogna coltivare le vere amicizie con generosità. Dedica tutto il tempo possibile a quelle relazioni in cui riesci a sperimentare la sensazione di integrazione. Pratica la profonda arte dell'haragei[1] – il dialogo tra amici che si svolge tanto con il silenzio quanto con le parole. Un vero amico è una scoperta preziosa. Trascorrere del tempo con un amico è come trovare una bellissima panchina antica in una radura segreta in mezzo alla foresta. Cosa c'è di più importante che concedersi del tempo per riposare e godersi un luogo così speciale?

3. Gentilezza

Abbiamo già visto l'importanza del ruolo della gentilezza quando abbiamo esplorato la tecnica del pivoting. Anche in questo caso, cioè nell'integrazione, la gentilezza è fondamentale. Nelle antiche tradizioni indiane esiste una virtù nota come "ahimsa". Sebbene sia spesso equiparata alla compassione, l'ahimsa trasmette anche il concetto di inoffensività e di non violenza in tutte le attività della vita.

N.d.T. [1]Haragei: "Intuirsi a vicenda senza rendere espliciti i pensieri"

Incarnare questo concetto nella propria vita significa raggiungere uno stato di autodisciplina molto elevato. Ahimsa significa imparare a essere gentili non solo verso l'esterno, ma anche verso noi stessi. Sebbene possa essere vista come un segno di delicatezza e debolezza, la gentilezza è una delle forze più potenti dell'universo. La vera gentilezza significa imparare a moderare le parole, i pensieri e le azioni.

La tecnica dell'integrazione poggia sulla base della gentilezza. Essere gentili con gli altri, non significa farsi calpestare. Significa semplicemente che quando decidiamo di prendere posizione su qualcosa, lo facciamo rispettando il prossimo. Aggiungendo un tocco di gentilezza alle nostre azioni quotidiane, smussiamo gli angoli e suscitiamo sorrisi anziché espressioni imbronciate. La gentilezza rende semplicemente la vita più facile.

La pratica più impegnativa della gentilezza è applicarla a se stessi. L'integrazione richiede che lasciamo andare il nostro autogiudizio e che smettiamo di essere così duri con noi stessi. Possiamo continuare ad aspirare a standard elevati, ma al tempo stesso perdonarci per le nostre fragilità. La gentilezza è una qualità naturale di tutte le forme di genitorialità. A volte, quando ci troviamo di fronte alla violenza o all'ingiustizia, è utile ricordarsi del bambino ferito che c'è dietro ogni situazione. Per sperimentare l'integrazione, dobbiamo diventare il genitore compassionevole che sa come usare il giusto equilibrio tra fermezza e gentilezza, libertà e sani confini.

La Forza Paradossale dell'Integrazione

Quando inizi a contemplare e ad applicare i tre semplici principi sopra descritti, tutto nella tua vita cambia. Se, ad esempio, hai iniziato a utilizzare questi principi nell'attività lavorativa, la tua intera strategia potrebbe cambiare dopo aver preso in considerazione le conseguenze delle tue azioni sugli altri e sull'ambiente nel suo complesso.

Non c'è disciplina più dura della gentilezza. Non c'è compito più arduo della generosità. Non c'è niente di più cristallino dell'amicizia. Negli antichi insegnamenti taoisti della Cina, i saggi parlavano spesso del paradosso della dolcezza dell'acqua. La qualità che rende l'acqua un elemento docile – la sua arrendevolezza – è lo stesso potere che le permette di sconfiggere tutto il resto, dalla roccia più dura al fuoco più impetuoso.

L'integrazione trasmette questo stesso paradosso. Quando impariamo a integrare, impariamo a fidarci di tutto ciò che la vita ci offre. Ci abbandoniamo a essa, permettendole di aprirci e persino di mandarci in frantumi, se necessario. Talvolta i nostri sogni sono i sogni sbagliati. Possono contenere un fondo di verità, ma ogni tanto la nostra mente o il nostro ego impongono il proprio programma alle nostre azioni. Può essere uno shock rendersi conto che a volte abbiamo cercato di forzare qualcosa per anni, per poi renderci conto che c'è un percorso molto più facile e gratificante che ci aspetta da qualche altra parte.

Ci vuole una grande forza interiore per essere aperti, onesti e vulnerabili. Non dobbiamo ostentare la nostra vulnerabilità, ma nemmeno nasconderla. Quando riusciamo a mostrare la nostra umanità, immediatamente iniziamo a ottenere la fiducia degli altri. L'integrazione avvicina le persone. Il suo scopo è quello di ammorbidire consapevolmente i confini tra l'interno e l'esterno, tra noi e gli altri.

La Terza Conferma – *l'Epifania*

Ognuna delle tre conferme è un segno che la nostra pratica di contemplazione si sta svolgendo senza intoppi. L'intuizione ha inizio nella mente, la rivelazione tende a essere più emotiva e infine l'epifania è un potente fenomeno fisico che scuote tutto il nostro essere. L'epifania è la più potente delle tre conferme e, all'inizio della pratica, è relativamente rara. L'epifania si verifica al culmine dell'integrazione, quando i confini del nostro cuore si dissolvono spontaneamente e la vita fluisce senza ostacoli dentro di noi. In questi istanti possiamo sentire una sorta di estasi che attraversa le cellule del nostro corpo. La maggior parte di noi ha già sperimentato momenti di epifania. Uno degli obiettivi della contemplazione è quello di aumentare la cadenza di queste esperienze nella nostra vita.

Tuttavia, l'epifania non è un "picco", ma un momento di profonda integrazione in cui la nostra anima si ricorda dello scopo superiore dell'esistenza. Il poeta romantico inglese William Wordsworth chiamava questi momenti di stupore "spot temporali"[2] e ancora oggi ci ricorda che possiamo trarre grande forza da essi. Le epifanie sono in realtà eventi molto naturali che non ci portano in alto e lontano in voli pindarici, ma ci calano nelle profondità del nostro corpo come non lo abbiamo mai sperimentato prima d'ora. Le epifanie si manifestano fuori dal tempo, quando la nostra mente e il nostro cuore sono a riposo e dopo aver coltivato un profondo amore per le pause. Cominciano a verificarsi in una fase più avanzata della contemplazione, quando le pause non sono più qualcosa che facciamo consapevolmente, ma sono diventate parte di noi – come il momento di quiete tra un respiro e l'altro.

L'epifania ci riempie e ci svuota allo stesso tempo. È un percorso di incarnazione nel quale finalmente la nostra contemplazione si è perfezionata in arte. Arte significa che abbiamo trasceso ogni tecnica. Non siamo più noi a fare contemplazione, ma è lei che "fa" noi. Questo è il mistero che si cela dietro l'arcobaleno della semplice pratica quotidiana delle pause.

N.d.T. [2]Secondo Wordsworth sono attimi di tempo che hanno una virtù rinnovatrice.

Applicazione dell'Integrazione — *Prospettiva, Umorismo e Leggerezza*

L'applicazione della tecnica di Integrazione nella nostra vita quotidiana ha il delizioso effetto di alleggerire qualsiasi fardello che stiamo portando. L'integrazione ci fornisce una prospettiva più ampia e più vera che getta nuova luce su tutti i nostri cosiddetti problemi. Un ingrediente vitale della vita contemplativa è il senso dell'umorismo. L'umorismo inizia quando impariamo a ridere di noi stessi e della nostra eccessiva serietà. Quando si tocca l'essenziale nella vita, tutto il resto passa in secondo piano e la contemplazione ci porta in modo naturale all'essenza delle cose. Tutto quello che prima sembrava importante, inizia a svanire. Il bisogno di avere ragione, di esprimere sempre la propria opinione o di essere ascoltati, appare meno importante attraverso il prisma della contemplazione. Ciò che diventa più importante è entrare in contatto con le persone, ascoltare i loro cuori e godere il più possibile della loro compagnia per il breve tempo che abbiamo a disposizione su questa terra.

Prima e durante la seconda guerra mondiale, quando le vittime terrorizzate dal regime stalinista si trovavano ammassate in treni merci diretti ai gulag, tra tutti spiccava un personaggio: il comico. Tra tante persone disperate, ogni tanto ne spuntava una che riusciva a fare battute nonostante la terribile situazione. Molte di queste battute erano a scapito dei loro carcerieri, ma suscitavano risate e sorrisi inaspettati. Soprattutto, queste persone ricordavano a tutti che anche nella notte più buia possono esserci bagliori di luce e calore umano.

L'Arte della Contemplazione ci insegna a desiderare questo dono prezioso e vitale della leggerezza. A volte, quando le nuvole si addensano su di noi o quando la fronte si aggrotta, l'unica cosa di cui abbiamo bisogno è quella sensazione di una prospettiva più ampia. La contemplazione ci ricorda che la vita ha un modo per risolversi da sola, e che col tempo spesso rivela uno scopo superiore nascosto dietro gli eventi dell'esistenza.

Il Beneficio dell'Integrazione — *il Corpo dell'Essere*

Nella tradizione mistica cristiana esiste un termine meraviglioso chiamato kenosis[3], che significa letteralmente "svuotarsi". Sebbene sia simile alla catarsi, la kenosis ci offre un approccio molto più morbido. Mentre la catarsi è associata a un rilascio drammatico e talvolta esplosivo di tensioni emotive o angosce, la kenosis è una modalità più dolce e sottile di trasformazione interiore.

L'essenza della kenosis è la pazienza. Contempli e attendi. Osservi le increspature che si muovono costantemente verso l'esterno: i pensieri, le idee, i sentimenti, le domande e le confusioni. Poi un bel giorno ti ritrovi in un meraviglioso spazio vuoto. Tutti i problemi si sono semplicemente risolti da soli dentro di te. La contemplazione è kenotica in questo senso: ti svuota. Prima si esauriscono i pensieri, poi i sentimenti, poi svanisce anche la volontà di capire e rimani semplicemente lì, a riposare nella tua essenza.

Alla fine della sua epica ricerca poetica della verità e della pace, il grande poeta tedesco Rainer Maria Rilke sperimentò questo senso di kenosis, che colse nelle parole immortali:

"Guarda. Sto vivendo. Di che cosa?
Né l'infanzia né il futuro vengon meno...
Un'esistenza traboccante scaturisce dal mio cuore."

N.d.T. [3]Nella teologia Cristiana, la kenosis è lo svuotamento di sé per diventare completamente ricettivi della Volontà Divina.

Il beneficio che deriva da tanti anni dedicati ad affinare l'arte della contemplazione è esattamente questo: ritornare alla purezza del proprio autentico Essere – prendere coscienza della propria interezza e quindi sentirsi completamente a proprio agio nel corpo e nel mondo. In tutte le grandi tradizioni mistiche, la fine del viaggio comporta sempre il ritornare nel mondo – sia che si tratti di portare l'acqua e tagliare la legna, sia che si tratti di vivere una vita integrata e pacifica nella società contemporanea. Il dono che ci fa l'Integrazione è una vita senza paure, dubbi o ansie – una vita fatta di bellezza, semplicità e prosperità.

TECNICHE PER UN ESERCIZIO QUOTIDIANO

La Contemplazione in pratica –
la Strada verso la Padronanza di Sé

Ora hai tra le mani tutto ciò che ti occorre per un nuovo tipo di vita ricca di potenziale, una strada chiara da percorrere verso la padronanza di sé. Non ti resta che seguire la tabella di marcia e introdurla nella tua vita quotidiana. Ci sono molti modi per percorrere il sentiero della contemplazione. Lavorare con questo libro è uno dei modi più naturali. I concetti presentati possono sembrare semplici, ma contengono profondità nascoste che continueranno a emergere dolcemente man mano che rileggerai il testo e continuerai a contemplarlo.

La sezione finale di questo libro presenta alcune ulteriori modalità per applicare l'Arte della Contemplazione nella tua vita. Ci sono molte tecniche specifiche che puoi adattare, arricchire o utilizzare come ispirazione per trovare il tuo approccio personale alla contemplazione – quello che meglio si sposa col tuo stile di vita. Ti invito inoltre a rimanere giocoso e creativo nell'integrare tra loro le varie tecniche. Dopo tutto, è proprio questo lo scopo di questo libro: portare l'Arte della Contemplazione fuori dalle pagine scritte e dalla mente, e vederla in azione nel mondo.

Per entrare nel campo della contemplazione puoi usare qualsiasi cosa per approfondire o aumentare la tua concentrazione in ogni tipo di attività. Soprattutto, le tecniche che seguono sono state concepite per portare la tua vita in una dimensione completamente nuova.

Sono portali per entrare nel profondo mistero che si cela sotto la superficie della vita. Mentre sperimenti le tecniche e le adatti a te, è importante ricordare lo scopo principale di tutti i percorsi contemplativi – espresso magnificamente in un verso di Moinuddin Chisti, uno tra i primi santi venerati nella cultura islamica:

"Sviluppa la generosità come il fiume, l'amore come il sole e l'ospitalità come la terra".

Wu Wei – *l'Azione senza Sforzo*

Come si può vedere, sono molti i benefici che si ottengono da una pratica costante della contemplazione. Il più importante riguarda il modo in cui agiamo nel mondo. La contemplazione crea delle conseguenze nella tua vita esteriore. Oltre a diventare più paziente, diventerai anche più deciso. Imparerai quando e come agire in modo appropriato in base alle circostanze. In Cina esiste un'antica saggezza taoista nota come "Wu wei", che si riferisce al concetto di azione senza sforzo. L'azione senza sforzo è una fusione tra ragionamento ponderato e intuizione.

Il Wu wei è il beneficio maggiore che deriva dalla contemplazione e, lungi dall'essere un concetto mistico incomprensibile, è estremamente pratico. Ogni giorno ci troviamo di fronte a migliaia di decisioni: decisioni del corpo riguardo al cibo da mangiare, decisioni emotive su come gestire la propria rabbia o quella degli altri, e decisioni mentali su come portare a termine con successo un incarico. Immagina ora che tutte queste decisioni siano prese per te da un maestro interiore, un essere saggio e compassionevole con un'abilità straordinaria nel leggere ogni situazione che si presenta e nel rispondere di conseguenza.

Questo è il *wu wei*.

La contemplazione ci insegna anche a dire un "no" col cuore aperto. A volte la nostra intuizione ci porta in una direzione che può deludere le aspettative o i desideri degli altri. In questi momenti dobbiamo essere così sicuri della nostra decisione da non cadere nel senso di colpa. Possiamo usare cortesia e gratitudine, ma la nostra decisione è chiara e in sintonia con un'armonia più grande. Non dobbiamo scusarci o cercare di inventare ragioni per far sentire meglio l'altro. È molto meglio essere semplicemente aperti e onesti. Non sempre possiamo vedere i risultati di queste decisioni se non in un secondo tempo, ma possiamo sentire che sono vere dentro di noi nel momento in cui le prendiamo. A lungo termine, queste saranno le decisioni migliori anche per tutte le persone coinvolte.

La contemplazione ci insegna a mantenere un sottile equilibrio tra agire e non agire, guidandoci attraverso il potere delle pause. Tutte le decisioni importanti richiedono pause di riflessione. A volte, però, un'azione deve essere compiuta immediatamente, senza concedersi il lusso di una pausa di riflessione. Per essere armoniose, queste azioni devono scaturire da una visione del mondo radicata nella gentilezza e nell'altruismo, coltivata in molti anni di pratica contemplativa. Questo è il raccolto finale della contemplazione: agire senza sforzo, senza ansie né sensi di colpa o dubbi, lasciando che la vita scelga attraverso di te, mentre tu rimani solo un testimone del vasto panorama di meraviglie che è la tua esistenza.

Contemplazione in Movimento

C'è una lunga tradizione che collega tutte le forme di movimento con la contemplazione. Il movimento fatto da uno stato contemplativo diventa rituale, e si trasforma in una sorta di rappresentazione sacra. Qualunque cosa tu faccia – indipendentemente che sia per hobby o per vocazione – può essere trasformata in una danza contemplativa. Quando entriamo nello stato contemplativo, il respiro si fa più profondo e la mente inizia a svuotarsi. Impariamo a riconoscere delle pause sempre più impercettibili tra un respiro e l'altro, e anche nelle fasi di riposo che si creano in una qualsiasi attività.

Soprattutto, possiamo iniziare a vedere l'attività stessa come una pausa, e la mente può riposare mentre il corpo rimane in movimento.

La contemplazione attinge alla sorgente di creatività che si trova in ognuno di noi. Quando svolgi un qualsiasi compito in movimento, cerca di farlo come se fosse l'ultimo che svolgeresti prima di morire. In questo modo, quel compito diventerà unico. Anche se lo eseguirai mille volte, non sarà mai lo stesso, ma ti sorprenderà e ti delizierà sempre in qualche modo.

Svolgere le attività quotidiane con spirito di contemplazione è molto più che essere semplicemente attenti. È elevare quel compito al livello dell'arte. Il segreto della contemplazione in movimento sta nell'intelligenza delle mani. Invece della mente, lascia che siano le mani a guidarti. Porta tutta la tua consapevolezza nelle mani e guardale come se fossero due farfalle che danzano. Più attenzione presti alle mani, più i tuoi movimenti diventeranno aggraziati. Immagina di non avere un corpo ma solo due mani che si muovono nell'arco della giornata.

Contemplare passeggiando

Poche cose nella vita sono così salutari per lo spirito umano come camminare. Anche se è qualcosa che la maggior parte di noi fa ogni giorno senza pensarci, camminare è un'opportunità per entrare in una profonda armonia ritmica in un breve lasso di tempo. Mentre cammini, senti la terra morbida sotto i tuoi piedi. Sintonizzati sui tuoi movimenti e lascia che il tuo corpo trovi un ritmo naturale e tranquillo. Anziché correre da A a B, prova a concederti più tempo per assaporarti la passeggiata.

Usa la camminata per sentire il tuo respiro che entra ed esce dal corpo e goditi il movimento. Puoi anche utilizzare la camminata come mezzo per contemplare consapevolmente un determinato argomento o problema. Le passeggiate hanno un inizio e una fine, quindi puoi camminare col proposito di permettere al ritmo del tuo movimento di liberare il ritmo dei pensieri e dei sentimenti. Sant'Agostino una volta disse le famose parole "*Solvitur ambulando*" – camminando si risolve tutto. A volte, semplicemente facendo una passeggiata, riusciamo a trovare una risposta a qualcosa su cui stavamo rimuginando. Si può applicare questo principio anche a una passeggiata con un amico. Se avverti il bisogno di stare in maggiore intimità o connessione con una certa persona, invitala a fare una passeggiata e lascia che tra di voi emerga uno spazio contemplativo. Due corpi e due anime che si muovono insieme generano lo spazio ideale per creare una pausa, una rivelazione o un'integrazione.

Contemplare correndo

La corsa è una forma di esercizio fisico che può essere praticata anche in età avanzata, purché si abbia un livello base di salute e mobilità. È particolarmente adatta alla contemplazione, anche se in modo molto diverso dalla camminata. La corsa richiede uno sforzo notevole che pompa il sangue attraverso il cuore e rilascia endorfine nell'organismo. Insieme al ritmo del respiro, questi cambiamenti chimici creano le condizioni ottimali per fare pivoting – cioè per vedere e sentire un vecchio schema in un modo nuovo. La corsa spesso comporta la necessità di superare vari livelli di disagio, soprattutto se si corre in un paesaggio collinare o accidentato. A volte lo sforzo più grande è semplicemente decidere di andare a correre quando non se ne ha molta voglia. Questa volontà di superare l'inerzia ci offre uno specchio concreto della nostra vita, e può fare miracoli per lo spirito – per non parlare della salute fisica ed emotiva.

Un altro aspetto importante della corsa è il legame con il paesaggio e la cultura in cui si vive. Anche in città è importante non indossare le cuffie che isolano dall'ambiente circostante. Quando si corre, si respira l'ambiente circostante con i relativi suoni e odori. La corsa è forse la forma più pura di esercizio dinamico che possiamo fare, anche se ci sono molti altri tipi di esercizio – come il nuoto e la bicicletta – che offrono simili opportunità contemplative.

C'è una grande differenza tra chi corre solo per la salute e chi corre per contemplare. Il corridore contemplativo non ha bisogno di competere con niente e nessuno. Corre perché ama entrare nel campo della trasformazione e della libertà. Un altro vantaggio di questo stile di corsa è che raramente provoca infortuni, essendo radicato nell'ascolto del ritmo della propria vita anziché nel voler imporre la propria volontà sul corpo.

Contemplare facendo sport

La correlazione tra lo sport e l'Arte della Contemplazione risiede nella dinamica tra ritmo e concentrazione. Ogni sport si basa sulla capacità di essere allineati con il ritmo interiore che proviene dal proprio centro vitale. Tutti gli sportivi hanno provato l'esperienza di trovarsi in uno stato di concentrazione tale in cui i movimenti sono perfetti e avvengono senza sforzo. Questo è molto probabilmente il motivo inconscio per cui siamo attratti dallo sport: sperimentare, attraverso il movimento e la coordinazione, la confortante sensazione di armonia e perfezione. Lo scopo della contemplazione è proprio quello di allinearci con questo paradossale stato interiore di concentrazione e abbandono.

Qualunque sia lo sport che pratichi – che si tratti di disciplina individuale o di squadra – la contemplazione migliorerà notevolmente il tuo tempismo, la fluidità e la concentrazione.

Ogni volta che pratichi il tuo sport, porta l'attenzione il più spesso possibile allo stato contemplativo. Più coltivi la quiete contemplativa al di fuori dello sport, più sarai in grado di attingervi quando sei nel bel mezzo del movimento. Stando sempre più in quella magica zona di concentrazione in cui tutto si unisce in perfetta sincronia, i risultati potrebbero essere stupefacenti.

Contemplare stando seduti

Troppo pigro per essere ambizioso,
Lascio che il mondo si prenda cura di se stesso.
Dieci giorni di riso nella mia borsa;
Un fascio di ramoscelli vicino al camino.
Perché parlare di illusioni e illuminazione?
Ascolto la pioggia della notte sul tetto,
Mi siedo comodamente, con le gambe distese.

Ryokan

Questa poesia del Maestro Zen Ryokan coglie perfettamente lo spirito della contemplazione da seduti. Meno formale della meditazione, che si concentra sulla postura e sulla tecnica, la contemplazione ha inizio proprio dal punto in cui ci troviamo nella vita. Quando facciamo questa contemplazione dovremmo stare seduti comodamente. Non abbiamo nemmeno bisogno di avere un'idea precisa di ciò che stiamo per contemplare. Se ce l'abbiamo, va bene, ma anche se non ce l'abbiamo, va bene lo stesso. La contemplazione da seduti consiste nel creare uno spazio che permette di far emergere la nostra guida interiore. Nel corso del tempo questa pratica può assumere molte forme, ma non ha bisogno di un obiettivo specifico. Man mano che la tua pratica contemplativa si approfondisce in modo naturale, sarai sempre più attirato dalla contemplazione da seduto che dà la possibilità di sperimentare molti stati interiori di piacere e serenità. Molte delle pratiche contemplative presentate in questo libro sono adatte alla contemplazione in questa posizione.

Uno Spazio Pulito

Una delle peculiarità della contemplazione è la semplicità. Imparando a contemplare, imparerai a semplificare gradualmente la tua vita. Meno c'è caos nella tua vita esteriore, meno ce ne sarà nella tua mente. Quindi, questa contemplazione serve a riordinare la tua vita.

Scegli uno spazio o una stanza che utilizzi, e organizzati per pulirla – sia in senso letterale che energetico. Raccogli i vari oggetti e chiediti se sono essenziali. Immagina di introdurre qualcuno all'Arte della Contemplazione per la prima volta e di mostrargli per prima cosa questa stanza. Pulisci, spolvera e spazza tutto finché non risplende dello spirito di semplicità. Ricrea questa stanza come specchio dello spazio interiore che desideri coltivare.

Nel tempo potrai eseguire questa contemplazione in molti spazi e in molti modi, e potrebbe diventare anche un dono da offrire agli altri, per aiutarli a ripulire i propri spazi. Questa contemplazione è sia un processo che un beneficio, e il beneficio sta nel processo stesso. È anche una disciplina da coltivare, soprattutto se si condivide il proprio spazio con altre persone, in particolare con i bambini. Pulire e riordinare uno spazio può trasformarsi da obbligo a benedizione, quando lo si considera parte integrante della propria contemplazione quotidiana.

Servire il Tè

In Cina, Taiwan e Giappone esiste un'antica tradizione secondo la quale l'atto di servire il tè è simbolo della profondità e della bellezza dello stato contemplativo. In un certo senso, la cerimonia è una metafora di come possiamo vivere la nostra vita. In effetti, qualsiasi attività in cui si è al servizio degli altri può essere intrisa della stessa profondità dell'arte di servire il tè.

Oggi il tè rimane la bevanda più bevuta al mondo dopo l'acqua. La bellezza del tè è la sua semplicità, che lo rende la vera bevanda dei contemplativi. Tradizionalmente, il tè viene preparato in una piccola teiera e bevuto in tazzine o ciotole, il che consente di prepararlo più volte in una sola seduta.

Ogni volta che si aggiunge acqua calda, le foglie rilasciano un ulteriore livello di sapore con diverse sfumature. Chi beve il tè è quindi coinvolto in un viaggio contemplativo che conduce a spazi sempre più sottili e raffinati. L'intero processo può essere fatto formalmente in silenzio o in modo informale, semplicemente godendo della compagnia degli altri. Ovunque si viva nel mondo, questo è un rituale contemplativo che si può imparare e condividere in qualsiasi momento con chiunque.

Contemplazione Urbana

Si potrebbe pensare che sia più difficile praticare la contemplazione in un ambiente rumoroso e gremito come una città o una metropoli. Questa contemplazione urbana è un po' insolita e forse anche un po' bizzarra, ma può cambiare totalmente l'esperienza di stare in luoghi affollati. Si tratta di riservarsi un momento ben preciso per stare in un ambiente urbano o affollato solo per contemplare.

Recati di proposito in un luogo in cui ti senti spesso sopraffatto o stressato: potrebbe trattarsi di un mercato pieno di gente, un negozio, un centro commerciale, una stazione ferroviaria o persino un aeroporto. Sii l'unica persona che si trova lì senza motivo, se non quello di approfondire lo stato contemplativo. Riempi un carrello della spesa e poi svuotalo di nuovo, fai una coda senza motivo o rimani seduto a guardare le persone che si fanno i fatti loro.

Lo scopo di questa contemplazione è quello di trovarsi in questi spazi ed essere assolutamente calmi, respirando profondamente e godendo della propria presenza, come un attore sul palcoscenico della vita. Una volta fatto questo e trovata la pace dentro di te, la prossima volta che ti troverai in quel luogo o in un luogo simile, potrai tornare immediatamente al punto di riferimento che hai creato, e attingere a quella stessa sensazione di pace e distacco.

Contemplazione col Cibo

Tutto ciò che si mangia o si beve è armonico per natura. Il cibo altera la nostra chimica dal momento in cui entra nel flusso sanguigno. Il cibo che scegliamo di mangiare e il modo in cui lo mangiamo hanno quindi un effetto importante sulla nostra contemplazione. Una buona abitudine da adottare nei confronti del cibo è quella di fare sempre una pausa prima di sceglierlo e di mangiarlo. A volte la fame ci spinge a mangiare qualcosa di cui poi ci pentiamo. Quando guardi il cibo, contempla come ti farà sentire dopo averlo mangiato. Mangiare il cibo giusto al momento giusto è come ascoltare la musica che amiamo, e prepararsi il proprio cibo è come suonare uno strumento musicale.

La preparazione del cibo è un'antica forma di alchimia. Il cibo preparato in uno stato d'animo contemplativo sarà benefico sia per il corpo che per l'anima. Un'altra cosa importante che riguarda il cibo è quella di fare attenzione a non mangiare quando non abbiamo fame. Al giorno d'oggi, dato che ogni tipo di cibo è così facilmente disponibile, i nostri sensi sono bombardati dalla vista e dagli odori del cibo. Molti di noi probabilmente mangiano troppo, e più spesso del necessario. L'Arte della Contemplazione aiuta a essere immuni dalla seduzione degli eccessi e, allo stesso tempo, a celebrare la meraviglia del gusto e la festa dei sensi.

Contemplazione Musicale

Come il cibo, anche la musica è un nutrimento che sazia l'anima. La contemplazione può essere intensificata suonando o ascoltando la musica giusta al momento giusto. A volte il brano musicale ideale può fornire il preludio perfetto allo stato contemplativo. Come per l'arte culinaria, scegliere la musica giusta per essere in armonia con uno specifico stato d'animo o un ambiente è un'arte sottile che possiamo imparare a padroneggiare. Parte di questa maestria è anche sapere quando godersi il silenzio. Il silenzio è la sorgente da cui sgorga tutta la contemplazione, e più la pratichi, più la musica del silenzio crescerà dentro di te.

Soffermarsi e Assaporare

Una cosa che potresti aver appreso leggendo questo libro è che l'Arte della Contemplazione non è un'arte veloce. Il suo dono è ricordarci di rallentare e di apprezzare ogni momento che passa al massimo del nostro potenziale. Soffermarsi e assaporare è l'atteggiamento di chi sa cogliere esperienze piacevoli o edificanti. Più che una tecnica è un'abitudine da sviluppare, poiché l'arte di soffermarsi e assaporare può essere applicata a molte situazioni. Con questo atteggiamento prolunghiamo la nostra pausa un po' più a lungo di quanto suggerirebbe la mente. È come essere l'ultima persona a lasciare il cinema dopo aver visto un film molto bello.

Soffermarsi e assaporare significa entrare in sintonia con gli inviti che la vita ci offre quotidianamente. Se un cane ti si avvicina e ti lecca i piedi, fai una pausa e dedicagli la tua attenzione per qualche istante. Se il sole spunta da dietro una nuvola mentre stai facendo la spesa, invece di ignorarlo, soffermati un po' e senti i suoi raggi che ti accarezzano il corpo. Soffermarsi non vuol dire arrivare in ritardo agli appuntamenti. Possono bastare pochi secondi o qualche ora tra amici. La lezione importante di questo atteggiamento è imparare ad aprirsi sempre più profondamente alla vita.

Per finire, soffermarsi e assaporare richiede anche di essere in sintonia con i sentimenti degli altri: se si esagera e si indugia più del necessario, si rischia di non essere più i benvenuti!

Contemplazione della Risata

Sebbene esistano esercizi che aiutano a suscitare e provocare la risata, l'esperienza di gioia che caratterizza una risata di pancia profonda e spontanea non può essere programmata o ricercata. La bellezza della risata sta proprio nella sua imprevedibilità. Possiamo però contemplare l'ambiente e le occasioni che ci hanno fatto ridere in passato.

Quando sappiamo cosa e chi ci fa ridere, possiamo ricreare quelle condizioni. Se, ad esempio, ridi sempre con una persona in particolare, considera la possibilità di passare più tempo con lei. In quali situazioni tendi a ridere di più? Fai in modo di ricreare tali situazioni. Può sembrare una cosa ovvia, ma molti di noi dimenticano di concedersi questi semplici piaceri. Parte del nostro impegno sul sentiero della contemplazione è fare in modo che la nostra vita sia sempre più ricca e piacevole.

L'Avatar

Questa contemplazione è una tradizione secolare che sfrutta il potere dell'immaginazione. Un avatar è un grande maestro o un essere illuminato, come Cristo o Buddha.

In questa pratica contemplativa, devi immaginare di essere in presenza di un grande essere a tua discrezione. Contempla il suo stato interiore e la luce, l'amore o la saggezza che emana. Puoi concentrarti su qualsiasi qualità particolare che vorresti. Immagina di essere in sua presenza, di camminare con questo essere, di parlare e assorbire costantemente la sua presenza.

Il livello più profondo di questa contemplazione è quando immagini di essere effettivamente quell'essere, e che il suo stato di coscienza perfetto sia stato trasferito in te. Si tratta di una contemplazione molto potente e gratificante, accessibile e facile da praticare per chiunque. A un certo punto l'immaginazione innesca un processo spontaneo di auto-illuminazione, e si inizia a sperimentare uno stato di coscienza più elevato e più amorevole. Se praticata nel tempo, questa contemplazione assume una vita propria e ti permette di ottenere risultati notevoli.

Hui Gan

Nella nostra epoca attuale tendiamo a essere molto concentrati sul futuro. Lo *"Hui Gan"* è una magnifica contemplazione che consiste nel riflettere deliberatamente sulla dolcezza di un evento passato. Ad esempio, potresti riportare alla memoria un momento in cui ti sei sentito veramente felice, in pace o profondamente innamorato. Se hai avuto la fortuna di sperimentare uno stato di coscienza superiore, può essere molto bello scegliere quell'esperienza per il tuo Hui Gan. In sostanza basterà che ne assapori il ricordo, come se annaffiassi una pianta preziosa. Lascia che il ricordo ti inondi e ti nutra.

A volte c'è anche una sfumatura di tristezza che accompagna queste immagini, ma anche questa la puoi accogliere pienamente. Se praticata per un certo periodo di tempo, la contemplazione Hui Gan può aprirti alla dolce impermanenza della vita. Un altro aspetto di questa contemplazione è che riporta il passato nel presente, incoraggiandoci ad abbracciare uno stato di atemporalità. L'Hui Gan può essere praticato anche durante una conversazione con uno o più amici, evocando un periodo di gioia e di risate trascorso insieme.

Contemplazione e Malattia

La malattia è una parte naturale della vita. Esistono molte forme di malattia, ma tutte offrono un'apertura allo stato contemplativo. La malattia ci spinge ad approfondire la consapevolezza del nostro corpo attraverso il disagio e il dolore che siamo costretti ad affrontare.

La malattia ci ricorda che siamo mortali, e quindi la nostra contemplazione potrebbe orientarsi in modo naturale verso il tema della morte. In genere non sappiamo come moriremo, ma è possibile che ciò comporti del dolore fisico e sicuramente la dissoluzione del nostro attaccamento al corpo. La malattia è quindi un'esperienza a cui affidarsi a un livello molto profondo.

Sia che ci arrendiamo alla malattia sia che la combattiamo, essa ci invita a contemplare la nostra morte e ad aprire il nostro cuore per abbracciare il grande mistero della vita e della morte. Prova a vedere la malattia come un'opportunità per lasciare andare alcune paure profonde del tuo corpo e confida nel fatto che ti offrirà un'esperienza di apprendimento unica. Questo vale anche quando ti prendi cura di una persona malata. L'assistenza a un malato comporta sfide e insegnamenti. È una grande opportunità per dimostrare l'infinita pazienza e gentilezza dello stato contemplativo. Soprattutto, è anche un promemoria per essere gentili e compassionevoli verso se stessi.

Contemplazione del Perdono

Nella vita ci sono molti alti e bassi emotivi. A volte facciamo cose che feriscono gli altri, sia consciamente che inconsciamente, e a volte subiamo un torto o un'infamia da parte degli altri. Si può entrare nella piena bellezza dello stato contemplativo solo quando non si cova più alcun risentimento o senso di colpa. Ogni senso di colpa o biasimo represso rende torbido il nostro lago interiore. Se serbi questi sentimenti irrisolti del passato, una parte del tuo viaggio contemplativo consisterà nel lasciarli andare. Di solito si tratta di un processo delicato che può richiedere molto tempo. A seconda della profondità delle tue ferite, potrebbe essere necessario anche l'aiuto di un professionista.

Il perdono – verso se stessi o verso un altro – porta a liberarsi da una serie di agganci energetici che ci legano a una certa persona o a un evento passato. Un approccio contemplativo consiste nel chiudere gli occhi e individuare questi agganci dentro di te. Poi, usando il respiro, respira in ognuno di essi e lasciali andare. Se è coinvolta un'altra persona, puoi anche provare a vederla da un'altra prospettiva. Immagina che sia un bambino piccolo e guarda il terribile senso di solitudine che può aver provato a un certo punto della sua vita. Anche i tratti più aggressivi o freddi della personalità hanno le loro radici in alcuni eventi tragici dell'infanzia.

Più riesci a capire gli altri usando il potere dell'immaginazione, più sarai in grado di provare compassione per loro. Col tempo, questo ti aiuterà a lasciarli andare. Affinando l'arte della contemplazione, ti renderai conto che nella vita non ci sono errori. Ogni evento è una pietra per affilare ulteriormente la lama della tua saggezza terrena. Siamo qui per imparare dai nostri errori e trovare il perdono interiore per andare avanti e diventare persone migliori.

Contemplazione della Natura

Vivere vicino alla natura garantisce le migliori condizioni per la pratica contemplativa. Anche in un ambiente urbano puoi sempre trovare dei modi per entrare regolarmente in contatto con la natura. La natura ci collega alla fonte dell'essere, alla parte selvaggia e incontaminata dello stato contemplativo. Qualsiasi cosa in natura può essere un invito alla contemplazione.

Se ti siedi in riva a un lago senza un preciso obiettivo, ben presto ti sentirai pervadere da una calma naturale. Anche guardare un fiume che scorre può attenuare tutti i pensieri e rendere più chiari i sentimenti. Nuotare o trascorrere del tempo in riva al mare può espandere i tuoi orizzonti e portare nuove prospettive. Più saliamo in montagna, più i pensieri diventano rarefatti, e più ci addentriamo nelle foreste, più ci sentiamo tranquilli e radicati. Per ogni difficoltà della vita esiste un antidoto naturale, che di solito si trova proprio davanti al nostro naso.

Altri modi per accedere al campo della contemplazione attraverso la natura sono: praticare il giardinaggio, maneggiare materiali naturali o stare con gli animali. Passare del tempo in compagnia di un gatto felice che fa le fusa o giocare con un cane gioioso può essere un richiamo fisico e cinestetico della natura rilassata della contemplazione.

A volte la natura ci invita ad altri livelli di contemplazione, come quando è tutt'altro che calma, durante le tempeste e altre manifestazioni atmosferiche estreme. In quei momenti ci si può ritirare in casa e rivolgere la contemplazione al proprio interno, oppure si può sfidare la logica e andare incontro agli elementi per sperimentarli nel loro stato naturale e selvaggio. A volte quest'ultimo approccio può portare a uno stato di euforia che si trasforma in una pace meravigliosa una volta rientrati in casa. Lascia che gli elementi agiscano su di te come onde di cambiamento che si alzano e si abbassano; in questo modo la tua contemplazione diventerà come una sinfonia musicale che si adatta e si diletta con il tempo atmosferico e i suoi molti volti mutevoli.

Contemplazione dell'Albero

Noi esseri umani viviamo circondati da alberi. Sebbene esistano aree prive di alberi, spesso è una grande sfida vivere a lungo in questi luoghi, poiché gli alberi sono fonte di vita. Molti di noi sviluppano un'affinità naturale con un particolare albero, e ci sono poche cose più emblematiche di una persona seduta in contemplazione sotto un albero.

Ovunque tu viva o viaggi nel mondo, lascia che gli alberi intorno a te siano i tuoi alleati contemplativi. Ogni albero ti ricorda di fare una pausa e respirare. Anche se non puoi fermarti fisicamente quando passi davanti a un albero, lascia che questo crei una pausa nei tuoi pensieri. Se hai tempo, fermati o siediti sotto l'albero e scoprirai che le sue meravigliose fronde sono un invito perfetto alla contemplazione. Il potere dell'albero come simbolo contemplativo è il suo perfetto equilibrio. Ogni albero ha radici che affondano nella terra, bilanciate da rami che si allungano come mani verso il cielo. Ogni ramo, ramoscello e radice dell'albero fa parte di un impulso evolutivo a conservare uno stato di equilibrio dinamico. Allo stesso modo, la nostra contemplazione ci porta sia a radicarci che a elevarci.

Contemplazione del Sole

Il sole è un simbolo dell'essere umano nella sua perfezione, ed è uno dei più potenti da contemplare. È la pura espressione del continuo donare dovuto a un benessere radioso e a una pienezza equilibrata. Il sole rappresenta anche la natura eterna della coscienza che non dorme e non muore mai.

I momenti migliori per contemplarlo sono l'alba e il tramonto, quando i suoi raggi sono più attenuati. Tuttavia, è possibile contemplare il sole in qualsiasi momento della giornata o anche di notte. Di giorno, goditi i raggi del sole, soffermati a sentire il suo calore sul viso e respira la sua luce nelle tue ossa.

Più farai questo esercizio, più ti sentirai radioso e positivo. Immagina che ogni cellula del tuo corpo sia un piccolo sole, e che tutte insieme queste cellule formino un sole gigante. Anche quando il sole è nascosto, durante una giornata grigia o di notte, riportalo alla tua consapevolezza e sentilo ardere dentro di te mentre cura, ammorbidisce ed espande.

Se sei incline alla malinconia o alla depressione, o stai attraversando un periodo difficile della tua vita, non c'è contemplazione migliore di questa. Nel tempo, contemplando il sole, sentirai crescere in te una luce interiore che inizierà a sciogliere quei sentimenti cupi che tutti portiamo dentro. Esiste uno yoga del sole completo e integrale e, quando ci impegniamo a praticare questa contemplazione, questi insegnamenti ci vengono svelati in modo naturale.

Contemplazione al Crepuscolo

Alcune contemplazioni, che un tempo facevano semplicemente parte della vita quotidiana, oggi sono diventate fondamentali. In effetti, in alcune culture meno agiate e tecnologicamente meno sviluppate, queste pratiche rimangono senza ombra di dubbio abitudini naturali.

Una di queste contemplazioni riguarda il passaggio dal giorno alla notte e il modo in cui ci prepariamo al sonno. Se non ti sei mai soffermato a guardare il giorno che si trasforma in notte, questa è una pratica magica e potente assolutamente consigliata. Nel mondo attuale, questo è spesso un momento pieno di impegni per cui potrebbe essere necessario ritagliarsi un tempo appositamente dedicato.

Il passaggio dal giorno alla notte rispecchia la meraviglia della contemplazione, quando i pensieri e le emozioni si svuotano gradualmente nella purezza del silenzio. In particolare, se riesci a fare questa contemplazione all'aperto e nella natura, noterai il sottile cambiamento nel tuo corpo quando alcune sequenze chimiche nel cervello si disattivano in sintonia con l'affievolirsi della luce. Anche in natura si verifica un cambiamento di umore, poiché i suoni e gli odori diventano più acuti e le creature notturne iniziano a svolazzare e a frusciare intorno a te.

Per molti di noi, la bellezza della luce serale va persa a causa dell'illuminazione elettrica e dell'uso di schermi digitali. La magia del lume di candela, del fuoco, della luna e delle stelle impatta il nostro essere, facendo affiorare la nostra natura più mistica ed espandendo le nostre capacità extrasensoriali più sottili. Puoi prendere in considerazione questo momento della giornata – prima di andare a letto – come il migliore per la contemplazione, e ricollegarti a un passato più semplice celebrando l'ora del crepuscolo.

Infine, puoi imprimere il potere della contemplazione nella tua coscienza facendola diventare l'ultima cosa che fai prima di addormentarti. Siediti nell'oscurità per qualche minuto e lascia che il giorno e le sue preoccupazioni si dissolvano. Apriti al grande mistero dell'ignoto ed entra nella quiete della notte con uno spirito sereno. In questo modo, quando ti sveglierai la mattina dopo, ti ricorderai immediatamente dell'arte della contemplazione.

Contemplazione dell'Eden

Questa contemplazione è un viaggio immaginario che contiene una potente verità. Lasciandoti guidare dal tuo cuore potrai ritrovarti in uno stato di coscienza senza tempo che ti pervade completamente.

Tanto tempo fa noi esseri umani abitavamo in un mondo più semplice, in cui eravamo più integrati con la natura. Il nostro cervello funzionava in modo diverso, con priorità diverse e, sebbene a volte il mondo fosse ostile, era scarsamente popolato e più silenzioso. Il tempo scorreva in modo diverso e noi condividevamo una coscienza più tribale che ci offriva calore, conforto e sostegno mentre vivevamo e lavoravamo insieme per nutrirci e prenderci cura gli uni degli altri.

In questa contemplazione, riportiamo in vita la memoria ancestrale di un tempo più semplice, custodita nel nostro DNA. Usa liberamente la tua immaginazione per riaccendere in te i canti, gli odori e i panorami degli albori dell'umanità. Presta particolare attenzione al silenzio e alla quiete che regnavano sulla Terra in quel periodo. Questo è un primo aspetto di questa contemplazione.

Il secondo consiste nel proiettare la mente in avanti nel tempo, fino a una fase di compimento. Cerca di sintonizzarti con la certezza cellulare di un futuro comune come un tempo di armonia, pace e assoluta realizzazione. Non abbiamo bisogno di sapere come avverrà il miracolo – è già scritto nel nostro DNA.

Veniamo dall'Eden e all'Eden torneremo, come testimoniano tutte le nostre storie e i nostri miti. Forse la nostra tecnologia ci libererà finalmente dai pericoli della guerra e della paura. Forse romperemo i vincoli limitanti del tempo e dello spazio e prenderemo il posto che ci spetta come esseri umani universali.

Concediti di immaginare un'epoca così, in cui tutta la consapevolezza umana si sarà evoluta fino a conoscere la propria unità con tutti gli esseri. Anzi, se sei abbastanza coraggioso, cerca di vedere te stesso e l'intera umanità come parte di un unico corpo eterno fatto di individui interconnessi tra loro, finalmente purificato da tutte le ferite e le separazioni, e di nuovo integro.

Traccia la mitica connessione tra il nostro inizio e il nostro compimento mentre interpretiamo la più grande storia mai raccontata, da "*C'era una volta*" a "*E vissero tutti felici e contenti*". Senti la gioia e la risata che nascono dentro di te, e lascia che la luce inondi le tue cellule. Sei parte di uno spirito eterno che non potrà mai morire.

La tua vita non è che una frase in questa grande storia, quindi fai del tuo meglio affinché la tua narrazione sia leggendaria e piena di perdono, amore e scopo più elevato.

17.000 Respiri

In un solo giorno, probabilmente respiriamo almeno 17.000 volte. Possiamo arrivare anche a 30.000 o più. Di quanti di questi respiri sei consapevole? In generale, il numero di respiri che si fanno è in relazione allo stato di rilassamento e di consapevolezza. I respiri più lunghi e profondi calmano la mente, le emozioni e il corpo.

Questa contemplazione consiste semplicemente nel portare la consapevolezza sul respiro. Più riesci a fare delle pause e a diventare consapevole del tuo respiro, più ti sentirai tranquillo ed equilibrato. Fai caso a quante volte riesci a ricordarti di fare una pausa. Osserva la relazione tra le pause, la respirazione e il tuo benessere generale nell'arco di una giornata. Impegnati a fare ogni giorno qualche respiro più lungo e profondo. Pensa a come potrebbe essere una giornata se fossi consapevole di ogni singolo respiro che fai.

Contemplazione della Triplice Fiamma

La contemplazione della Triplice Fiamma è una tecnica di pausa semplice e molto potente che prevede di fare pause di tre minuti ogni tre ore. Puoi programmare il telefono o un altro dispositivo per ricordarti di fermarti per entrare nel campo della contemplazione alle 3, alle 6, alle 9 e alle 12 di ogni giorno durante le ore di luce. Il dolce ritmo circadiano di questo processo inizierà presto a riempire la tua vita quotidiana e dopo alcune settimane è probabile che riuscirai a sintonizzarti con questa contemplazione a un livello più profondo e inconscio. Qualunque cosa tu stia facendo in quei momenti, la Triplice Fiamma ti inviterà a trascorrere questi tre minuti in uno stato d'animo contemplativo. Se sei in grado di fare fisicamente delle pause durante le tue attività, allora fallo. Se invece non le puoi fare, continua perlomeno a svolgere le tue attività con un maggiore senso di autoconsapevolezza.

Pur essendo semplice, la contemplazione della Triplice Fiamma tocca molte dimensioni. Porta attivamente lo stato contemplativo in alcuni dei momenti più impegnativi della tua giornata, il che può essere un'esperienza trasformativa. Contemporaneamente ti connette con un numero sempre crescente di persone che stanno apprendendo nello stesso momento l'Arte della Contemplazione.

Contemplazione Filantropica

Sebbene sia l'ultima del libro, questa contemplazione ha probabilmente la capacità di trasformare la tua vita nella maniera più potente. Molti di noi vivono una vita così impegnata che spesso non si concedono molto tempo per pensare alla vita degli altri. In questa contemplazione, sei invitato a immaginare il tuo funerale. Espandi la tua visione di come potrebbe essere la tua vita al suo apice assoluto. Ascolta le cose che la gente dice di te e della tua vita, sia pubblicamente che privatamente. Guardati intorno e guarda negli occhi le persone, senti i loro cuori che si aprono e vedi la magnifica influenza che hai avuto su di loro. Immagina la tua vita come un'esplosione di generosità che trabocca dal cuore. Ora ripercorri a ritroso dal tuo funerale gli eventi che hanno portato a questa grande celebrazione della capacità di amare di una persona. Osserva le molte decisioni coraggiose che hai dovuto prendere lungo il viaggio della tua vita e i momenti cruciali in cui hai preso la strada meno battuta. Osserva gli innumerevoli altri esseri che hai influenzato per il loro bene senza nemmeno saperlo. Guarda come la vita di una persona può fiorire splendidamente, anche se si tratta di una vita semplice o umile.

Il secondo aspetto di questa contemplazione consiste nel considerare come puoi iniziare o continuare una vita simile da questo momento in avanti. Qual è la prima decisione da prendere? Concediti del tempo e contempla profondamente e con attenzione prima di intraprendere qualsiasi azione. Questa contemplazione può richiedere settimane o addirittura mesi.

La filantropia consiste nel servire gli altri con un cuore traboccante. Anche se ora non avverti questo amore, ogni piccolo gesto di generosità può innescare una dolce espansione. Come per tutte le pratiche contemplative, occorre cominciare con delicatezza e prendersi cura di se stessi man mano che si procede. Non si tratta di esaurire le risorse. Ci vuole molta pazienza per imparare ad amare e a donare in modo equilibrato, ma i benefici di una vita del genere vanno ben oltre la nostra immaginazione.

Abbi il coraggio di spingerti un po' al di fuori della tua zona di comfort e vedrai spuntare un sorriso su un altro volto da qualche parte nel mondo.

EPILOGO

Credo che chiunque possa imparare l'Arte della Contemplazione.

Personalmente ho iniziato ad apprenderla per necessità, per far fronte alle molteplici sfide dell'essere genitore. A un certo punto mi sono reso conto che avevo perso il senso della calma. Mi ero fatto sopraffare dall'improvviso aumento delle responsabilità. Mi sembrava di aver perso tutta la mia libertà giovanile e non riuscivo a vedere un modo per riconquistarla. Mi sentivo intrappolato, isolato e perso.

Poi, un giorno, facendo visita a un amico, sono rimasto affascinato da un quadro appeso alla sua parete. Si trattava di una semplice immagine di un gabbiano solitario che volava sopra un mare blu. Quel quadro aveva smosso qualcosa di profondo nella mia anima. Non riuscivo a smettere di pensarci. L'uccello sembrava così silenzioso, puro e libero in quel cielo immacolato. Ogni volta che pensavo a quell'immagine, mi sentivo come quell'uccello. Era come se il dipinto avesse lanciato un incantesimo su di me. Bastava che mi ricordassi dell'immagine e quasi immediatamente venivo pervaso da una sensazione di profonda calma e di libertà senza limiti.

Nei mesi successivi a quell'incontro, richiamai più volte alla mente l'immagine del gabbiano. Ogni volta che ci pensavo, tutto il mio essere si fermava e per un istante lasciavo andare il mondo esterno e le sue distrazioni. In seguito imparai anche a evocare l'immagine durante i momenti difficili o i conflitti, con risultati sorprendenti. Per finire sperimentai il potere del pivoting – la capacità di trasformare una situazione difficile in un dono.

Nelle mie relazioni, questo ha cambiato tutto: invece di irrigidirmi di fronte a un conflitto, mi sono allenato a restare morbido e con il cuore aperto. E continuo a imparare questa lezione anche oggi.

Col tempo mi sono completamente dimenticato del gabbiano. Il ricordo mi è tornato in mente solo oggi, quando mi sono seduto a scrivere queste parole. Per me quell'immagine era una porta verso la contemplazione e, una volta che ho capito come trovare la porta, non ho più avuto bisogno dell'immagine. Da allora ho trovato diverse altre strade per accedere allo stato contemplativo.

Mi ci sono voluti molti anni per imparare l'Arte della Contemplazione, ma è l'arte più preziosa e utile che abbia mai appreso. Spero che questo piccolo libro possa aiutarti a trovare le tue porte d'accesso allo stato contemplativo, cosa di cui il nostro mondo ha un grande bisogno.

L'Arte della Contemplazione è per un essere umano ciò che l'aria è per un uccello: libertà, scopo e pace.

Richard Rudd

La Contemplazione
e Le Chiavi Genetiche

Un invito da parte dell'Autore

Se vi è piaciuto questo libro e vi sentite attratti dalla sua tematica centrale, potreste apprezzare anche l'altro mio lavoro: Le Chiavi Genetiche.

Si tratta di una grande sintesi di saggezza eterna che è stata scritta nel corso di diversi decenni. Sebbene abbia un'origine mistica, è al tempo stesso un efficace strumento psicologico che potrebbe avere un impatto trasformativo sulla vita di una persona.

Le Chiavi Genetiche forniscono molti percorsi di contemplazione profonda, sia per la ricchezza del linguaggio che per la straordinaria ricchezza dei contenuti.

Per maggiori informazioni e per iniziare il vostro viaggio nell'universo illuminante delle Chiavi Genetiche, visitate il sito:

genekeys.com

Informazione e supporto per le Chiavi Genetiche in Italiano

Per maggiori informazioni e supporto su le Chiavi Genetiche in italiano o in altre lingue, visita la pagina Risorse Linguistiche su genekeys.com/language-resources. Lì troverai materiali tradotti, informazioni sulle nostre guide le Chiavi Genetiche in italiano e su come accedervi, oltre ad altre guide da tutto il mondo. Puoi anche iscriverti per ricevere informazioni su eventi e nuove uscite in italiano e in altre lingue.

Per saperne di più, visita genekeys.com/language-resources

Libri Di Richard Rudd

www.ingramcontent.com/pod-product-compliance
Lightning Source LLC
Chambersburg PA
CBHW051607170426
43196CB00038B/2952